VERBORGENES
BUDAPEST

Géza Papp

JONGLEZ VERLAG
Reiseführer

Die Arbeit an dem Reiseführer *Verborgenes Budapest* hat uns große Freude bereitet. Wir hoffen, dass wir Ihnen damit ungewöhnliche, verborgene oder eher unbekannte Winkel der Stadt näherbringen können. Manche Einträge sind mit historischen Anmerkungen oder Anekdoten versehen, die dabei helfen, die Stadt in ihrer Vielschichtigkeit zu verstehen.
Verborgenes Budapest lenkt die Aufmerksamkeit der Reisenden auf die vielen kleinen Details, an denen wir Tag für Tag achtlos vorbeigehen. Wir laden Sie ein, sich mit offenen Augen durch die urbane Landschaft zu bewegen und dieser Stadt, wenn Sie hier leben, mit ebensoviel Neugier und Interesse zu begegnen, wie Sie das auf Reisen in fremden Städten tun ...

Über Anmerkungen zu diesem Reiseführer und seinem Inhalt sowie Informationen zu Orten, die darin nicht aufgeführt sind, freuen wir uns sehr. Wir bemühen uns, diese in künftigen Auflagen zu integrieren.

Kontaktieren Sie uns:
E-Mail: info@jonglezverlag.com

DER AUTOR

Géza Papp ist von Budapest fasziniert, seit er 1996 dorthin gezogen ist. Das Lesen über Geschichte und Architektur Budapests mündete darin, dass er einen Blog über die Stadt begann. Seine Artikel wurden u. a. auf hg.hu, im *Budapest Journal* und in *Octogon* veröffentlicht.

Dieses Buch wird Sie nicht zu den großen touristischen Attraktionen der Stadt Budapest führen: Es lädt Sie vielmehr dazu ein, die Geheimnisse der Stadt zu entdecken – die seltener besuchten, aber interessanten Sehenswürdigkeiten von Budapest, seien es Gebäude, Statuen oder Parks. Wir möchten Ihre Aufmerksamkeit auf zahlreiche kleine Details und Orte lenken, an denen Sie vielleicht schon vorbeigegangen sind oder von denen Sie noch nie gehört haben.

Das Buch enthält zahlreiche Hinweise auf Veranstaltungen, die Ihnen den Zugang zu normalerweise geschlossenen Gebäuden und Orten ermöglichen. Eine Auswahl dieser Veranstaltungen finden Sie hier:

• Budapest 100: Findet im Frühjahr statt und wird vom KÉK-Zentrum für zeitgenössische Architektur organisiert. Die Veranstaltung konzentrierte sich ursprünglich auf Gebäude, die 100 Jahre alt waren; der Schwerpunkt hat sich in letzter Zeit aber auf bestimmte Themen wie die Ringstraße Nagykörút oder das Bauhaus verlagert. *budapest100.hu/en/* und *kek.org.hu/en*
• Nacht der Museen: Museen und Ausstellungsorte sind die ganze Nacht lang geöffnet und heißen Besucher mit Sonderveranstaltungen willkommen. So gibt es z. B. Führungen, bei denen man versteckte Bereiche von Gebäuden besichtigen kann. Die Nacht der Museen findet in der kürzesten Nacht des Jahres statt (Mittsommernacht im Juni). Es ist ein Ticket (in Form eines Armbandes) erforderlich, das im Voraus gekauft werden muss.
muzej.hu/en
• European Heritage Days (Europäische Tage des Denkmals): Kulturstätten, die sonst für die Öffentlichkeit

geschlossen sind, öffnen ihre Türen für Besucher. Drittes Wochenende im September.
oroksegnapok.gov.hu

• Design-Woche: Die Veranstaltung, die sich dem zeitgenössischen Design widmet, umfasst Führungen, Atelierbesuche und viele andere Events. Sie findet im Oktober statt.
budapestdesignweek.hu

• Green Walk: Die Veranstaltung, die vom Ungarischen Rat für umweltbewusstes Bauen (HuGBC) organisiert wird, konzentriert sich auf nachhaltige Lösungen in der Architektur und umfasst Führungen zu modernen und historischen Gebäuden. Sie findet im September statt.
hugbc.hu

• Tag des Ungarischen Denkmals: Das Event im Mai steht im Zeichen der historischen Gebäude Ungarns und beinhaltet Veranstaltungen und Besichtigungen an vielen verschiedenen Orten.
nori.gov.hu

• Archiv-Picknick: Die Veranstaltung, die von den Archiven Ungarns organisiert wird, ermöglicht den Besuch sonst verschlossener Abteilungen der Archive, Einsicht in historische Dokumente und vieles mehr. Das Archiv-Picknick findet im Juni statt.
archivportal.hu

• Weltjugendstiltag: Die Veranstaltung im Juni wird vom Museum für angewandte Kunst organisiert und stellt Jugendstil-Gebäude sowie Ausstellungen zum Thema Jugendstil in den Mittelpunkt. Es gibt Führungen mit ausgebildeten Guides, Workshops und Filmvorführungen.
imm.hu

• Tag der offenen Kirchen: eine Veranstaltung im Rahmen des Ars-Sacra-Festivals, das zeitgleich mit den Europäischen

Tagen des Denkmals im September stattfindet. Es werden Führungen und Orgelkonzerte veranstaltet.
ars-sacra.hu
• Internationaler Tag der Fremdenführer: Wird von der Industrie- und Handelskammer Budapest organisiert und bietet Führungen in Budapest zu verschiedenen Themen. Findet im Februar statt.
bkik.hu

Wer Gebäude besichtigen möchte, die sonst nicht öffentlich zugänglich sind, kann auch die Angebote von Veranstaltern für Führungen durchsuchen. Viele Veranstalter organisieren Besichtigungen solcher Orte, aber das Angebot ändert sich ständig. Abonnieren Sie die folgenden Newsletter, um sich über die aktuellen Angebote zu informieren – hier eine kurze Liste:

• Hosszúlépés	*hosszulepes.org*
• Imagine Budapest	*imagine.hu*
• Budastep	*budastep.hu*
• Sétaműhely	*setamuhely.hu*
• Greetings from Budapest	*greetingsfrombudapest.hu*
• Korzózz velünk!	*korzozzvelunk.hu*
• Városművek	*varosmuvek.hu*
• Budai Várséták	*budaivarsetak.hu*

Wir hoffen, Sie haben ebenso viel Freude daran, die verborgenen Ecken von Budapest zu entdecken, wie der Autor dieses Buches.
Wir freuen uns über Ihr Feedback und Ihre Anregungen! Schreiben Sie dem Autor unter geza.papp.77@gmail.com oder dem Verlag unter info@jonglezverlag.com.

S. 150
10
11
2
Csillaghegy
Palotai-
sziget
Duna
Újpest
Városközpont
1107
10
Kaszásdűlő
11
Istvánte
Óbudai-
sziget
Erzsébettelek
2
Lipótmező
Margitsziget
S. 14
Vérhalom
8102
1107
S. 66
Herminame
Virányos
Városliget
Zugliget
Svábhegy
BUDAPEST
Istvánme
Buda
Pest
Széchenyihegy
Néplig
Szentimreváros
Gazdagrét
Kelenföld
1
M1
M7
5101
6
5
SZÉKESFEHÉRVÁR, GYŐR
7
Albertfalva
Csepel-
Belváros
Budafok
Baross Gábor-
telep
7
Duna
M6
M0

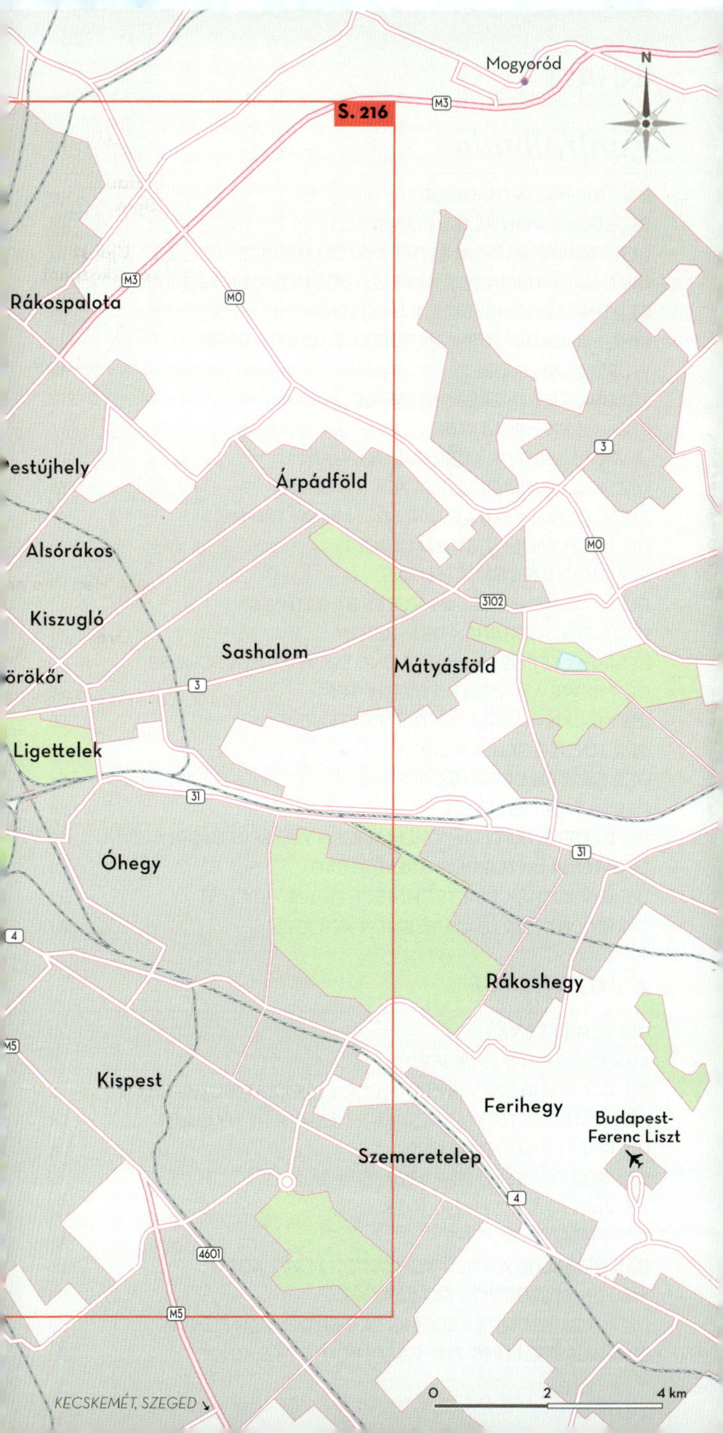
Mogyoród
N
S. 216
M3
M3
M0
Rákospalota
Pestújhely
Árpádföld
3
M0
Alsórákos
3102
Kiszugló
Sashalom
Mátyásföld
örökőr
3
Ligettelek
31
31
Óhegy
4
Rákoshegy
M5
Kispest
Ferihegy
Budapest-
Ferenc Liszt
Szemeretelep
4
4601
M5
KECSKEMÉT, SZEGED
0
2
4 km

INHALT

Zentralbuda

Zentralpest

Buda

INHALT

Pest

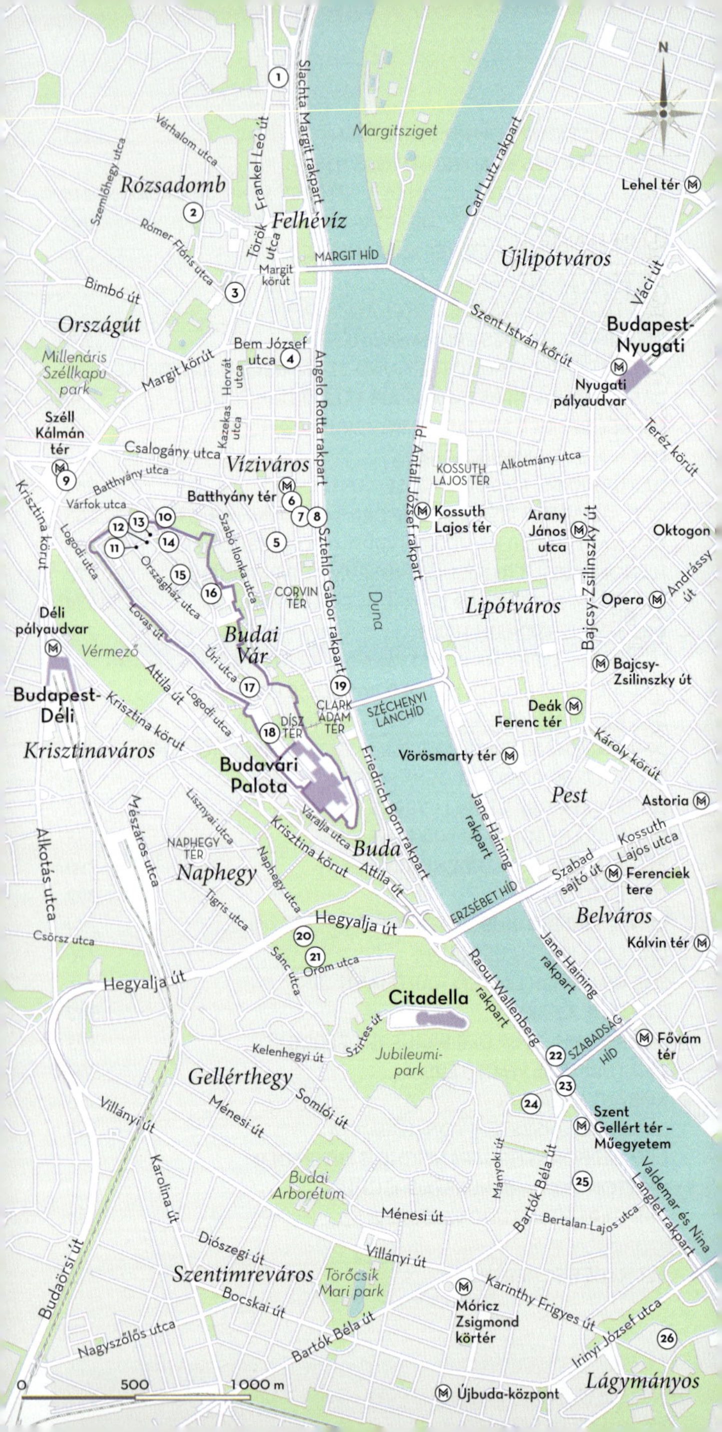

Margitsziget
Rózsadomb
Felhévíz
Újlipótváros
Országút
Lehel tér
Budapest-Nyugati
Nyugati pályaudvar
Millenáris Széllkapu park
Széll Kálmán tér
Víziváros
Batthyány tér
Kossuth Lajos tér
Arany János utca
Oktogon
Opera
Lipótváros
Déli pályaudvar
Vérmező
Budapest-Déli
Budai Vár
Corvin tér
Bajcsy-Zsilinszky út
Deák Ferenc tér
Clark Ádám tér
Széchenyi Lánchíd
Dísz tér
Krisztinaváros
Budavári Palota
Vörösmarty tér
Pest
Astoria
Buda
Naphegy tér
Naphegy
Ferenciek tere
Erzsébet híd
Belváros
Kálvin tér
Citadella
Jubileumi-park
Szabadság híd
Fővám tér
Gellérthegy
Szent Gellért tér – Műegyetem
Budai Arborétum
Szentimreváros
Tőrőcsik Mari park
Móricz Zsigmond körtér
Lágymányos
Újbuda-központ
Duna
Margit híd
Slachta Margit rakpart
Verhalom utca
Frankel Leó út
Szemlőhegy utca
Török utca
Rómer Flóris utca
Margit körút
Bimbó út
Bem József utca
Angelo Rotta rakpart
Carl Lutz rakpart
Szent István körút
Váci út
Horvát utca
Kazekas utca
Csalogány utca
Batthyány utca
Várfok utca
Krisztina körút
Logodi utca
Szabó Ilonka utca
Országház utca
Lovas út
Úri utca
Attila út
Sztehlo Gábor rakpart
Id. Antall József rakpart
Alkotmány utca
Teréz körút
Bajcsy-Zsilinszky út
Andrássy út
Károly körút
Friedrich Born rakpart
Jane Haining rakpart
Kossuth Lajos utca
Szabad sajtó út
Lisznyai utca
Mészáros utca
Alkotás utca
Naphegy utca
Tigris utca
Várálja utca
Hegyalja út
Csörsz utca
Sánc utca
Orom utca
Szirtes út
Raoul Wallenberg rakpart
Kelenhegyi út
Somlói út
Ménesi út
Villányi út
Karolina út
Mányoki út
Bartók Béla út
Bertalan Lajos utca
Valdemar és Nina Langlet rakpart
Diószegi út
Karinthy Frigyes út
Bocskai út
Budaörsi út
Nagyszőlős utca
Irinyi József utca
0
500
1000 m
N

Zentralbuda

DIE FRANKEL-SYNAGOGE ①

Eine im Innenhof eines Wohnhauses versteckte Synagoge

1023 Budapest, 49 Frankel Leó út
Besichtigung nur im Rahmen einer Führung, Anbieter von Führungen finden Sie auf Seite 5
Tram: Linie 17, 19, 41 – Haltestelle Komjádi Béla utca; Bus: Linien 9, 109 – Haltestelle Császár-Komjádi uszoda

Die Frankel-Synagoge ist leicht zu übersehen, denn sie ist an drei Seiten von einem sechsstöckigen Wohnblock umgeben.

Der einzige gute Blick auf die Rückfassade bietet sich von der Donauseite und eventuell durch das gusseiserne Haupttor an der Vorderseite des Gebäudes.

Die Synagoge wurde von Sándor Fellner entworfen und am 8. August 1888 (8.8.1888) um 8 Uhr eingeweiht (zur Symbolik der Zahl 8 siehe unten). Der Wohnblock, der sie umgibt, wurde von Dezső Jakab und Aladár Soós entworfen und erst im Jahr 1928 erbaut.

Im Gegensatz zur beeindruckenden Óbuda-Synagoge, die im Jahr 1769 erbaut wurde, ist die Frankel-Synagoge das Ergebnis der Affäre von Tiszaeszlár: In diesem Gerichtsprozess, der von 1882 bis 1883 dauerte, wurden Juden fälschlich der rituellen Ermordung und Enthauptung eines Mädchens beschuldigt, was in Österreich-Ungarn zu antisemitischem Aufruhr führte und die Erbauer der Synagoge veranlasste, das Gotteshaus so unauffällig wie möglich zu errichten.

Die Synagoge bietet 400 Sitzplätze und wurde im Stil der französischen Gotik (Neogotik) erbaut.

Die Symbolik der Zahl 8

Die Zahl Acht ist ein universelles Symbol für das kosmische Gleichgewicht, das in vielen esoterischen Traditionen der Welt – von Asien und Afrika (vor allem bei den Dogon in Mali) über Europa bis hin zu Amerika (vor allem bei den Inka-Völkern) – verbreitet ist. In der Geometrie stellt das Achteck das Zwischenglied zwischen dem Quadrat und dem Kreis dar. Es dient daher als Mittler zwischen Himmel und Erde. In der Mathematik symbolisiert die Acht die Unendlichkeit. In der jüdischen Tradition wird die Beschneidung am achten Tag vollzogen. Sie symbolisiert die Fähigkeit des Menschen, seine begrenzte Natur zu überwinden, indem er ein Bündnis mit Gott eingeht. Chanukka, das achttägige Fest des unendlichen Lichts, symbolisiert die Fähigkeit des jüdischen Volkes zu Wiedergeburt und Auferstehung auf spiritueller Ebene.

DIE STATUE VON PÉTER MANSFELD

②

Eine verborgene Statue für das jüngste Opfer des Ungarischen Volksaufstands von 1956

1023 Budapest, Mansfeld-Péter-Park
Bus: Linie 191 – Haltestelle Mansfeld Péter Park / Zivatar utca

An der Ecke Apostol utca und Bolyai utca, nur wenige Meter vom Grab des Gül Baba entfernt, steht eine ungewöhnliche Statue, die von vier dicken viereckigen Säulen fast völlig verdeckt wird. Die Statue befindet sich im oberen Abschnitt des Mansfeld-Péter-Parks und stellt Péter Mansfeld (1941–1959) dar, das jüngste Opfer der Vergeltungsmaßnahmen nach dem Ungarischen Volksaufstand von 1956.

Mansfeld schloss sich während des Aufstandes der Gruppe der Freiheitskämpfer vom Széna tér (Széna-Platz) an und transportierte für sie Lebensmittel und Waffen. Er brach unter anderem in die Villa von László Piros, dem damaligen Innenminister, ein und stahl dort eine Waffe. Im Februar 1958 entführten er und seine Freunde vor der österreichischen Botschaft einen Polizisten, nahmen ihm seine Dienstwaffe ab und ließen ihn dann wieder frei. Mansfeld wurde schließlich verhaftet und zu einer lebenslangen Gefängnisstrafe verurteilt. Später verhängte ein Gremium des Obersten Gerichtshofs das Todesurteil über ihn. Sie warteten die kurze Zeit ab, bis Mansfeld 18 Jahre alt wurde, und richteten ihn dann am 21. März 1959 hin. Er war zu diesem Zeitpunkt 18 Jahre und 11 Tage alt. Die Statue, die 2004 im Mansfeld-Péter-Park aufgestellt wurde, ist ein Werk von Péter Menasági. Die Figur des Jungen ist von vier Steinsäulen umgeben, die den Staat symbolisieren, der Mansfeld unterdrückte und schließlich tötete.

Der Park bietet einen schönen Blick auf die Stadt, vor allem auf das Parlament – ein perfekter Ort, um die Feuerwerksshow am 20. August zu genießen.

In der Szabó Ilonka utca steht eine weitere Statue von Péter Mansfeld.

DER TREPPENAUFGANG DES PISTON-HAUSES

③

Die wohl interessantesten Treppenhäuser und Aufzüge der Stadt

1024 Budapest, 17 Margit körút
Manchmal während der European Heritage Days geöffnet – ansonsten einen Einwohner freundlich um Einlass bitten. Bitte verhalten Sie sich diskret, da es sich um eine private Wohnanlage handelt.
Tram: Linien 4, 6 – Station Margit híd, budai hídfő; Bus: Linien 91, 191, 291 – Station Margit híd, budai hídfő

In den 1930er-Jahren war es in Mode, luxuriöse Wohnhäuser zu erbauen. Ein solches Haus wurde von 1937 bis 1938 in der Margit körút 15–17 von der Pensionskasse der Manfréd-Weiss-Werke gebaut (s. S. 266): Im Kern des Gebäudes befindet sich eine stilvolle Kombination aus Treppenhaus und Aufzug, die von der Straße aus nicht zu sehen ist. Das Design der Architekten Béla Hofstätter und Ferenc Domány ist sehr sehenswert. Betritt man das Gebäude – entweder durch das Haupttor an der Margit körút oder durch einen kleineren Eingang an der Margit utca –, führt ein kurzer marmorverkleideter Korridor in einen zentralen ellipsenförmigen Block. Weitere Türen führen zu kleineren Korridoren und zu den Diensteingängen, hinter denen sich die Küchen befanden. Im Treppenhaus wurden außerdem zylindrische Glasaufzüge gebaut. Sie sind im Originalzustand erhalten und immer noch funktionstüchtig. In die Decke der obersten Etage ist eine kreisförmige Glasscheibe eingelassen, die natürliches Licht in das Treppenhaus lässt.

Weitere Werke der beiden Architekten sind das Kaffeehaus Dunapark in der Nähe des Szent-István-Parks und das alte Lloyd-Kino am Ende der Hollán Ernő utca.

DIE GESICHTER IN DER KAPELLE DES HEILIGEN FLORIAN ④

Ein 1700 Tonnen schweres Gebäude, das um 140 cm angehoben wurde!

1027 Budapest, 88 Fő utca
gorogkatbuda.hu
Termine für Veranstaltungen und Gottesdienste siehe Website
Tram: Linie 19, 41 – Haltestelle Bem József tér; Bus: Linien 11, 111 – Haltestelle Horvát utca oder Linie 109 – Haltestelle Kacsa utca

Die Kapelle des heiligen Florian wurde im Jahr 1753 als erste Kapelle an diesem Ort erbaut und ist dem Schutzpatron der Feuerwehr geweiht. Im Jahr 1760 wurde sie erweitert; 1856 erhielt der Turm ein neues Spitzdach. Nach dem großen Hochwasser von 1838 (siehe S. 106) beschloss die Gemeinde, die Ufer der Donau auch in diesem Gebiet zu erhöhen. Dadurch lag die Straßenoberfläche nun höher als der Eingang und das Innere der Kirche. Dies führte zu einer Erhöhung des Grundwasserspiegels und in der Folge zu einem hohen Feuchtigkeitsgehalt, wodurch die Innenwände der Kapelle beschädigt wurden. Schließlich beschloss man, das gesamte Gebäude anzuheben.

Zwischen 1936 und 1937 wurde das 1700 Tonnen schwere Gebäude mit Hilfe von Eisenträgern, die in die Mauern eingelassen wurden, täglich um 15 Zentimeter angehoben, wobei jedes Mal eine neue Ziegelschicht in die entstandene Lücke eingemauert wurde. Insgesamt wurde die Kapelle um insgesamt 140 Zentimeter angehoben, weshalb die Fenster auf einer Seite des Gebäudes besonders hoch wirken.

Nach der Anhebung wurde die Kapelle von innen und außen renoviert. Die Innenarbeiten wurden von Gyula Wälder (dem Architekten der Madách-Häuser) geleitet, der die Gewölbe mit Stuck im Stil des Neobarock verzierte. Die neuen Wandmalereien wurden von Jenő Medveczky im Stil der römischen Schule geschaffen.

Eine Wochenschau aus dem Jahr 1937, die die Anhebung der Kirche dokumentiert, finden Sie unter: filmhiradokonline.hu/watch.php?id=2203.

Moderne Gesichter in einer alten Kirche

Auf den Gemälden von Jenő Medveczky sind neben den vertrauten religiösen Figuren auch Gesichter von Personen zu sehen, die an der Anhebung der Kirche beteiligt waren: Auf einem Bild sieht man den Stadtrat Ákos Farkas, den Pfarrer Bálint Balogh und den weltlichen Gemeindevorsteher Endre Vaszkó, auf einem anderen Bild sind Imre Terbócz (ein Mitglied des Gemeindeausschusses) und der Ingenieur Lajos Fridrich abgebildet.

DER UNGARISCHE „STOCK-IM-EISEN“

⑤

Ein skurriler alter Brauch unter Wiener Schmieden

1011 Budapest, Ecke Iskola utca/Vám utca
Metro: Linie M2 – Station Batthyány tér

An der Ecke Iskola utca/Vám utca steht ein Metallkäfig, in dem sich eine skurrile Metallkonstruktion befindet. Darüber prangt ein Banner mit einer Inschrift. Bei näherer Betrachtung wirkt die Metallkonstruktion, die wie ein Holzstamm mit Ästen aussieht, noch merkwürdiger – sie scheint mit Nägeln beschlagen zu sein. Einige Nagelköpfe sind größer und mit Namen oder Monogrammen markiert.

Die Inschrift über dem Käfig erklärt, dass es sich bei diesem Stück um eine Nachbildung des „Stock-im-Eisens“ von Buda handelt – ein mit Nägeln beschlagener Holzstamm aus dem frühen 19. Jahrhundert, der bis in die 1960er-Jahre an dieser Straßenecke stand. Der originale „Stock-im-Eisen“, der diese Nachbildung aus Metall inspirierte, stand hier und diente als Aushängeschild für eine Bäckerei. Früher befand sich einer dieser Holzstämme in Pest und einer in Buda. Beide Originalstücke sind heute im Kiscelli-Museum zu sehen (s. S. 162). Sie entstammen einer alten Tradition: Wenn durchreisende Schmiede eine Stadt besuchten, wurden sie gebeten, einen Nagel in einen Baumstamm zu schlagen, bis die Nagelköpfe den Stamm schließlich vollständig bedeckten.

Die Tradition stammt aus Wien, wo der ursprüngliche „Stock-im-Eisen“ noch heute zu sehen ist (siehe *Verborgenes Wien*, ebenfalls im Jonglez Verlag erschienen). Das Wiener Original wurde im Jahr 1533 geschaffen und steht seit dem Jahr 1891 auf dem Stock-im-Eisen-Platz in Wien. Schlosser, die nach Wien fuhren, schlugen Nägel in einen Baumstamm. Dieser Brauch sollte Krankheiten verhindern oder heilen.

EINE MINISKULPTUR VON RUBIKS ZAUBERWÜRFEL

⑥

Eine von vielen Miniskulpturen in Budapest

1011 Budapest, in der Nähe des Batthyány tér
kolodkoart.com
Tram: Linie 19, 41 – Haltestelle Halász utca (und viele andere)

An der Treppe, die fast am Ende der Vám utca zum unteren Donauufer führt, steht eine kleine Skulptur in Form eines Rubik-Zauberwürfels, die von den Passanten oft unbemerkt bleibt. Sie ist das Werk des Bildhauers Mihály (Mihajlo) Kolodko und gehört zu einer größeren Gruppe sogenannter „Miniskulpturen". Kolodko wurde 1978 in Ungwár/Uschhorod (in der heutigen Ukraine) geboren und zog 2017 nach Budapest. Neben seiner traditionellen Arbeit als Bildhauer begann er, in der ganzen Stadt Miniskulpturen aufzustellen, die nur wenige Zentimeter groß sind. Man findet sie in verschiedenen kleinen Nischen und Ecken, auf Zäunen oder an Wänden. Die Skulpturen sind bei den Einwohnern Budapests gern gesehen. Manchmal erhält die ein oder andere Statue sogar eine Mütze oder einen Schal, um sie im Winter warm zu halten! Auch an den Promenaden der Kőbánya-Újhegy-Siedlungen (Újhegyi sétány, im 10. Bezirk) wurden Miniskulpturen aufgestellt, die jedoch von Antal Plank und nicht von Kolodko stammen. Der weltberühmte Zauberwürfel wurde übrigens 1974 von Ernő Rubik, einem ungarischen Bildhauer und Professor für Architektur, erfunden. Weltweit wurden fast 500 Millionen Exemplare verkauft, davon etwa 200 Millionen zwischen 1980 und 1983, was den Würfel zum meistverkauften Puzzlespiel der Welt macht.

Weitere Ministatuen von Mihály Kolodko

- *Harry Houdini*: Der Illusionist wurde als Erik Weisz in der Csengery utca in Budapest geboren, in den USA aber später unter dem Namen Houdini berühmt. Seine Ministatue befindet sich in der ersten Etage des Kunst- und Kulturzentrums K11 (11 Király utca) und zeigt ihn in Ketten.
- *Kermit der Frosch*: Er steht mitten auf dem Szabadság tér, direkt neben der Einfahrt zur Tiefgarage und zum Kaffeehaus. Diese Skulptur ist eine Nachbildung, das Original steht in der ukrainischen Stadt Perecseny in Transkarpatien. Das Verzehren von Froschschenkeln wurde in Perecseny zur Tradition, nachdem dort Kriegsgefangene aus der Armee Napoleons festgehalten wurden.
- *Franz (Ferenc) Liszt*: Im Jahr 2011, zum 200. Geburtstag des Komponisten, wurde auf dem internationalen Flughafen Budapest Liszt Ferenc eine nach ihm benannte Statue aufgestellt. Sie stellt Liszt dar, wie er an einer Bushaltestelle auf seinem Gepäck sitzt, als würde er auf einen Flug warten. Vor der Statue steht ein kleines Flugzeug aus Notenpapier, das in wenigen Zentimetern die Verbindung von Musik und Flug symbolisiert. Die Skulptur ist eine Nachbildung, das Original steht in Ungvár.
- *Das tote Eichhörnchen*: Diese merkwürdige Skulptur befindet sich am Eingang der Kieselbach-Galerie an der Ecke Szent István körút und Falk Miksa utca. Die Figur bezieht sich auf das Werk *Bidibidobidiboo*, eine Installation von Maurizio Cattelan aus dem Jahr 1996, in der ein Eichhörnchen Selbstmord begeht. Vielleicht kann Inspektor Columbo das Motiv für den Selbstmord aufdecken – seine Statue steht nur wenige Meter entfernt.
- *Theodor (Tivadar) Herzl*: Theodor Herzl war ein ungarisch-österreichischer Schriftsteller, Journalist, Politiker und der Vater des modernen Zionismus. Er wurde in der Dohány utca nahe der Synagoge geboren, und seine kleine Statue steht auf einem Kabelpfosten gegenüber der Synagoge. Besucher legen oft kleine Kieselsteine auf die Statue, um Herzl zu gedenken.
- *Das karierte Kaninchen* (in der Nähe der Bergstation der Sikló-Seilbahn): Die Episoden der ungarischen Zeichentrickserie *A kockásfülű nyúl* beginnen damit, dass ein Kaninchen auf dem Dach eines Gebäudes steht und durch ein Teleskop die Aussicht betrachtet – googeln Sie „kockásfülű nyúl", um mehr zu sehen.
- *Mr. Beans Plüschtier-Skulptur* (s. S. 97); *Kaiser Franz Joseph* (s. S. 115); *Pu der Bär* (s. S. 245); *die Arche Noah* (s. S. 247); *Erdmännchen* (s. S. 255); *Skála Kópé* (s. S. 87); *Brauereipferde* (s. S. 303); *Der Wurm*, *Trauriger Panzer* und *Elek Mekk* (siehe nächste Doppelseite).

IN DER UMGEBUNG

Wurm-Ministatue ⑦

Der Wurm aus der beliebten ungarischen Zeichentrickserie *A nagy Ho-Ho-Ho-Horgász* hat seine eigene Ministatue an der Donau (nicht weit vom Rubikwürfel entfernt): Er steht an der Straße Bem rakpart auf einer Steinbalustrade, die auf den Fluss blickt.

Trauriger-Panzer-Ministatue ⑧

Das Geschützrohr des Militärfahrzeugs ist nach unten gebogen. Es befindet sich ebenfalls auf dem Steinzaun in der Bem rakpart. Im Jahr 2018 versuchte jemand, den Panzer zu stehlen, aber er wurde repariert und Anfang 2019 wieder aufgestellt.

Elek-Mekk-Ministatue ⑨

Am Fuß einer Treppe am Széll Kálmán tér steht die Skulptur von Elek Mekk, die einen Schraubenzieher in der rechten und ein Stück Holz in der linken Hand hält. Auf dem Holzstück ist der frühere Name des Platzes eingraviert: Moszkva tér. Elek Mekk ist eine Ziege aus einem ungarischen Zeichentrickfilm – die Figur eines Tausendsassas, der nur selten eine Arbeit erfolgreich erledigt.

„EUROPE GROVE“ – DER EUROPA-HAIN

⑩

Bäume aus 29 Hauptstädten an einem Ort

1015 Budapest, Európa liget
Bus: Linien 16, 16A, 116 – Haltestellen Bécsi kapu tér oder Mátray utca

Unmittelbar vor dem Bécsi kapu („Wiener Tor“) im Burgviertel befindet sich ein kleiner Park mit dem Namen Europa-Hain. Als Budapest im September 1972 den 100. Jahrestag der Vereinigung von Pest, Buda und Óbuda feierte, nahmen Vertreter aus 29 europäischen Hauptstädten an einer internationalen Konferenz teil – sie wurden gebeten, jeweils einen Baum zu spenden, der in diesem Park gepflanzt werden sollte. Im Jahr 2014 wurde am Eingang zum Europa-Hain eine Statue errichtet. Sie stellt die heilige Hedwig (polnisch: „Jadwiga“) und Wladislaw II. Jagello als altägyptische Herrscher dar. Hinter den Bäumen verläuft ein Teil der Burgmauer, die aus dem 16. Jahrhundert stammt; im Hain selbst steht die zauberhafte Statue eines Bären und eines Fuchses – Figuren aus den Geschichten von Zsigmond Sebők.

> Seit der Pflanzung der Bäume wurden sechs Bäume ersetzt.

DIE SKULPTUR DER FLIEGENDEN NONNE

⑪

„Es ist lustig"

1014 Budapest, Ecke Országház utca/Nándor utca
Bus: Linien 16, 16A, 116 - Haltestelle Kapisztrán tér

An der Ecke Országház utca und Nándor utca im Burgviertel steht eine merkwürdige Skulptur, die eine durch die Luft fliegende Nonne zeigt. Im 18. Jahrhundert zogen die Klarissinnen (die Nonnen des Ordens der Heiligen Klara von Assisi) in das Gebäude an dieser Ecke. Nach der Auflösung des Ordens im Jahr 1782 wurden hier Parlamentsversammlungen und extravagante Bälle veranstaltet – daher auch der Name der Straße, *Országház utca* („Parlamentsstraße"). Die spätbarocke Fassade und der Salon wurden von Franz Anton Hildebrandt entworfen.

Im Jahr 1977 sollte hier eine Gedenktafel für die Nonnen angebracht werden, doch der ungarische Bildhauer Miklós Melocco entschied sich für eine andere, eher ungewöhnliche Lösung. Sein Kunstwerk ist schwer zu definieren: Die Figur wird in der traditionellen Kleidung der Klarissinnen dargestellt, aber es ist weder ein Relief noch eine Statue. Am Gürtel der Figur ist ein winziges Detail mit lateinischem Text zu erkennen. Melocco beschrieb das Kunstwerk so: „Es ist ein Straßenschild. Ihr in der Luft wehender Rock, der dezent ihre Knöchel bedeckt, befindet sich auf der einen Seite des Hauses, ihr Oberkörper mit dem demutsvollen Gesicht, den geschlossenen Augen und den zum Gebet gefalteten Händen ‚wächst' auf der anderen Seite der Ecke aus dem Haus heraus. Sie fliegt durch die Wände. Es ist lustig, es macht Spaß, es zu betrachten."*

* *aus: Tibor Wehner:* Melocco Miklós. *Helikon Publishing House, Budapest 2005.*

DIE HAUSNUMMER AN DER BÉCSI KAPU TÉR NR. 5

⑫

Eine der ältesten Hausnummern im Burgviertel

1014 Budapest, 5 Bécsi kapu tér
Bus: Linien 16, 16A, 116 – Haltestelle Bécsi kapu tér

Das Gebäude in der Bécsi kapu tér 5 im Burgviertel hat zwei Hausnummern. Eine – die Nummer 5 – befindet sich auf der rechten Seite des Haupttors, die andere besteht aus einer handgemalten Markierung direkt über dem Tor: „N 148". Die offizielle Hausnummer ist die Nr. 5 aber die N 148 ist nicht zufällig hier: Sie ist ein seltenes Relikt des alten Hausnummernsystems von Budapest, das auf einer Volkszählung von 1784 beruht. Hausnummern existierten bereits im Mittelalter, aber sie waren nicht nach Straßen aufgeteilt. Sie waren – wie noch immer in Venedig – nach Stadtvierteln aufgeteilt und hießen *numero*. Wenn neue Gebäude entstanden und Grundstücke zusammengelegt oder geteilt wurden, mussten die Nummerierungen von Zeit zu Zeit überarbeitet werden. Daher war es praktischer, die Nummern auf die Häuser zu malen, statt sie in Stein zu meißeln. Im Jahr 1784 erließ Kaiser Joseph II. ein Dekret zur Volkszählung, das auch eine Neunummerierung der Häuser anordnete. Da viele ungarische Adelige dagegen protestierten, zog Joseph II. das Dekret im Jahr 1790 wieder zurück. Erst nach einer weiteren Reform im Jahr 1874 wurden die Häuser nach Straßen und nicht nach Stadtvierteln nummeriert. Dies führte zu einem stabileren System, da im Falle eines Neubaus nicht alle Häuser eines Bezirks, sondern nur die Gebäude der betroffenen Straße neu nummeriert werden mussten.

Weitere alte Hausnummern

Über dem Tor des Hauses in der Bécsi kapu tér 8 ist die Nummer 30 in den Stein gemeißelt. Dabei handelt es sich nicht um eine Hausnummer, sondern um das Reststück eines größeren Steins mit der Inschrift „1930", die auf das Jahr der Renovierung des Gebäudes hinweist. Die farbenfrohe Fassade des Hauses in der Tárnok utca 14 wurde von 1950 bis 1953 renoviert. Bei der Renovierung fand man neben der Tür eine Inschrift mit der Nummer 114. Als die Fassade einige Jahre später erneut renoviert wurde, malte man die Nummer 114 in einem etwas anderen Stil auf das Gebäude. Sollte die ursprüngliche Nummer zur gleichen Zeit wie die Gelb- und Rottöne der Fassade an die Wand gemalt worden sein, wäre sie damit die älteste Hausnummer der Stadt, datiert auf etwa 1520.

DIE FRESKEN IM NATIONALARCHIV

13

Die Geschichte Ungarns an den Wänden

1014 Budapest, 2–4 Bécsi kapu tér
+36 1 211 2712 – leveltarlatogatas@mnl.gov.hu– mnl.gov.hu/mnl/ol/epuletseta
Führungen nur für Gruppen, die Anmeldung muss mindestens zwei Wochen im Voraus erfolgen (Telefon oder E-Mail)
Bus: Linien 16, 16A, 116 – Haltestelle Bécsi kapu tér

Nur wenige wissen, dass das spektakuläre Gebäude des Nationalarchivs im Burgviertel (nach vorheriger Anmeldung) besichtigt werden kann.

Es verfügt über eine schöne Inneneinrichtung mit kunstvollen Bleiglasfenstern und Wandmalereien in den Fluren, im Sitzungssaal, im Rechercheraum und im Treppenhaus.

Unter den Wandmalereien befinden sich auch Gemälde von Andor Dudits, die Szenen aus der ungarischen Geschichte darstellen. Auf einigen Bildern sind Persönlichkeiten des frühen 20. Jahrhunderts zu erkennen: Ein Ritter in Rüstung hat das Gesicht des Kulturministers Kuno Klebelsberg, zwei andere Figuren sehen aus wie Andor Dudits und der Architekt Samu Pecz. Die Gemälde neben der Treppe zeigen historische Szenen: die Ansiedlung der Ungarn im Karpatenbecken, die Gründung der Abtei in Pannonhalma, die Abnahme der Goldenen Bulle und die Einweihungsfeier der Kettenbrücke. Die Sequenz endet in der „Gegenwart" der 1920er-Jahre. In den Bleiglasfenstern, die von

Miksa Róth stammen, sind die Wappen der bedeutendsten Städte des alten Ungarns abgebildet. Während des Zweiten Weltkriegs wurden die Fenster im Keller gelagert, um sie vor Bombenschäden zu schützen.

Im Jahr 1723 wurde ein Gesetz erlassen, das die Aufbewahrung öffentlicher Dokumente in einem Nationalarchiv (*archivum regni*) vorschrieb. Das (alte) Nationalarchiv wurde jedoch erst im Jahr 1756 eingerichtet und zwischen 1784 und 1785 nach Buda verlegt. Ursprünglich dokumentierte es die Arbeit des Parlaments, aber seine Aufgabenbereiche wurden nach und nach umfangreicher, und schließlich wurde das Archiv auch für Forscher zugänglich gemacht. Dies führte zur Gründung eines neuen Nationalarchivs, für das ein großes Gebäude benötigt wurde, in dem die Dokumente aufbewahrt werden konnten. Der heutige Standort des Archivs wurde im Jahr 1911 ausgewählt; zwei Jahre später wurde das alte Gebäude abgerissen. Der Erste Weltkrieg verzögerte den Bau, aber im Jahr 1923 wurde das Gebäude nach Entwürfen von Pecz fertiggestellt. Die Fresken wurden in den 1970er-Jahren restauriert, das Dach wurde in den 1980er-Jahren mit Kacheln aus der Zsolnay-Fabrik neu gedeckt.

Das Glasdach, das sich ursprünglich über dem Lesesaal befand, ließ mehr Licht herein. Leider ging es bei den Renovierungsarbeiten nach dem Zweiten Weltkrieg verloren.

Das neoromanische Gebäude besteht aus vier U-förmigen Ebenen. Die beiden Seitenflügel, in denen sich die Lagerräume für die Dokumente befinden, haben niedrigere Decken – und dies aus gutem Grund: Die Dokumente sind schwer, und die Bausubstanz könnte nicht mehr Gewicht tragen. Zudem braucht man hier keine Leitern, sodass die Dokumente schneller bearbeitet werden können. Der Brandschutz wird durch die Verwendung von Stahltüren und die Unterteilung der Räume in kleinere Teilbereiche verstärkt.

Der verloren gegangene Turm

Das Gebäude besaß ursprünglich einen Turm, der mit einem Schornstein für die Heizungsanlage und einem Wasserspeicher für Brandschutzzwecke ausgestattet war. Einige hielten ihn für überflüssig, der Architekt Alajos Hauszmann betrachtete ihn jedoch als unerlässlich. Er war der Meinung, dass der in den Turm integrierte Wasserspeicher im Falle eines Brandes dafür sorgen würde, keine Wasserpumpen einsetzen zu müssen, und dass das Wasser im Speicher aufgrund der Hitze des Rauchs nicht gefrieren würde. Der Turm erlitt zwischen 1944 und 1945 schwere Schäden. Nach dem Ende des Krieges kam es erneut zu Debatten. Dr. Kálmán Lux, ein Ratsmitglied des Nationalen Komitees für Baudenkmäler, behauptete, der Turm sei „architektonischer Unsinn" und ein 75 Meter hohes Bauwerk sei nicht notwendig. Zudem wurde die Heizungsanlage modernisiert, was den Schornstein überflüssig machte. Als das Nationalarchiv schließlich restauriert wurde, ließ man den Turm aus finanziellen Gründen außer Acht. Die Überreste des Turms wurden im Sommer 1945 abgetragen.

EIN JÜDISCHES GEBETSHAUS

⑭

Eine schön restauriertes jüdisches Gebetshaus

1014 Budapest, 26 Táncsics Mihály utca – info@btm.hu
Di–Do 10–18 Uhr, Fr 10–17 Uhr, So 10–18 Uhr
An jüdischen Feiertagen geschlossen
Bus: Linien 16, 16A, 116 – Haltestelle Bécsi kapu tér

Das Haus in der Táncsics Mihály utca 26, das in der Nähe des Bécsi kapu tér zwischen den alten Häusern des Burgviertels steht, birgt ein Geheimnis: Es ist ein kleines Gebetshaus der jüdischen Gemeinde, das mit jahrhundertealten Wandmalereien und Grabsteinen gefüllt ist, die an das 15. Jahrhundert erinnern, als in der nördlichen Hälfte des Burgviertels zahlreiche Juden lebten. Ein Bereich des Hauses wurde als Gemeinderaum genutzt, während sich die Synagoge in einem anderen Gebäude befand. Bei archäologischen Untersuchungen im Jahr 1964 entdeckte man uralte Malereien an den Wänden des Hauses. Der Eingang zum Gebetshaus befindet sich im Erdgeschoss des Innenhofs.

Die erste Attraktion des Gebetshauses ist eine Sammlung alter Grabsteine aus dem Mittelalter und der Zeit der türkischen Besatzung: Im 13. Jahrhundert gab es am Fuß des Burgbergs einen jüdischen Friedhof – er befand sich dort, wo heute der Westausgang des Burgtunnels liegt. An der linken Wand prangen zwei große rote Symbole: ein Davidstern und ein Segensspruch aus dem 4. Buch Mose (Vers 6,24–26: *Der Herr segne dich und behüte dich. Der Herr lasse sein Angesicht leuchten über dir und sei dir gnädig. Der Herr hebe sein Angesicht über dich und*

gebe dir Frieden). Das Gemälde an der anderen Wand zeigt Pfeil und Bogen und einen Text aus dem Lied der Hanna im 1. Buch Samuel. (Vers 2,4: *Der Bogen der Starken ist zerbrochen, und die Schwachen sind umgürtet mit Stärke*).

Die Juden des Burgviertels

Die ersten Juden (etwa ein Dutzend Familien) kamen im 13. Jahrhundert mit den ersten Siedlern ins Burgviertel: Die Straße, die heute einen Teil des Szent György tér bildet, hieß damals Judengasse. Das kleine jüdische Viertel wurde im Jahr 1360 aufgelöst, als der König die Juden aus Ungarn vertrieb. Als die Juden nach Buda zurückkehrten, ließen sie sich in der Gegend der Táncsics Mihály utca nieder. Ihre Synagoge wurde 1461 im spätgotischen Stil erbaut, aber bei der Belagerung von Buda zerstört. Am 2. September 1686 befreiten die vereinigten christlichen Armeen das Burgviertel von der türkischen Besatzung. Sie massakrierten die Juden in der Synagoge und brannten das Gebäude nieder. Die Ruinen wurden in den Jahren 1964/65 von dem Archäologen László Zolnay im Garten der Táncsics Mihály utca 23 entdeckt, aber sie wurden wieder vergraben – man plant jedoch, sie erneut freizulegen. Einige Fragmente der Synagoge sind im Hinterhof des Gebetshauses ausgestellt. Im Jahr 2005 wurden unter der Straße am Fehérvári-Tor die Ruinen einer weiteren Synagoge entdeckt und ebenfalls wieder vergraben. Die Häuser sind längst verschwunden, aber einige Keller und Brunnen sind erhalten geblieben, darunter auch die Mikwe, ein kleines Ritualbad in einem Brunnen (siehe S. 48).

DIE KANONENKUGEL IM *HOTEL ST. GEORGE* ⑮

Eine Erinnerung an die Revolution von 1848 bis 1849 in einem der schönsten Innenhöfe des Burgviertels

1014 Budapest, 4 Fortuna utca
Bus: Linien 16, 16A, 116 – Haltestelle Bécsi kapu tér

Als sich der ungarische General Heinrich Hentzi von Arthurm während der Revolution von 1848 bis 1849 in diesem Hotel aufhielt, führte dies zu einer heftigen Reaktion seiner Gegner: Sie schossen Kanonenkugeln auf das Gasthaus, und eine davon blieb in der Wand stecken. Sie wurde zur Erinnerung an Ort und Stelle belassen, bei einem späteren Umbau jedoch durch eine neue Kugel ersetzt. Im Hof steht auch eine alte Kanone aus jener Zeit. Um die alte Kanone herum reihen sich Weinstöcke – zwei davon sind mehrere hundert Jahre alt. Sie sind seltene Weinstöcke in Buda, die den Reblaus-Befall von 1890 und die Kriege des 20. Jahrhunderts überlebt haben. Die Stöcke sind von der Rebsorte Bakator: Der Name stammt vom italienischen Begriff *bocca d'oro*, was im Deutschen „goldene Beere" bedeutet und im Ungarischen *aranybogyó* heißt.

Das Gebäude wurde auf den Überresten von drei alten Häusern errichtet. Von 1784 bis 1868 beherbergte es ein Gasthaus namens Fortuna, das der Straße ihren Namen gab. Der Gasthof Fortuna verfügte über zwölf Suiten, ein Restaurant, ein Café, einen Billardraum sowie Ställe für 50 Pferde. In späteren Jahren beherbergte das Gebäude Privatwohnungen, eine Kunstschule und eine Druckerei. Die Schäden des Zweiten Weltkriegs wurden viele Jahrzehnte lang nicht behoben. Von 1966 bis 2004 befand sich hier das Ungarische Museum für Handel und Tourismus. Als das Museum nach Óbuda umzog, wurde das Gebäude vollständig renoviert und als Hotel und Restaurant wiedereröffnet.

Das Restaurant ist einen Besuch wert: Seine Wände und Decken sind kunstvoll mit barocken Blumenmustern und Paradiesvögeln bemalt.

HISTORISCHE RUINEN DES *HILTON* ⑯

Historische Ruinen hinter einer Fassade aus den 1970er-Jahren

1014 Budapest, 1-3 Hess András tér
Bus: Linien 16, 16A, 116 – Haltestelle Szentháromság tér

Von außen lässt sich kaum erahnen, was sich hinter den Mauern des *Hotel Hilton* verbirgt: die spektakulären Überreste eines mittelalterlichen Dominikanerklosters, die sich harmonisch in das moderne Hotelgebäude einfügen. Die Abtei wurde im 13. Jahrhundert erbaut, gehörte dem Dominikanerorden und wurde in der Zeit der türkischen

Besatzung zerstört. Von dem Originalbauwerk sind heute nur noch die Wände des Kirchenschiffs, drei Fenster und die Fundamente des Heiligtums erhalten. Die Klosterruinen sind über den Bereich vor der Fischerbastei zugänglich und können durch die Glaswände des Lobby Café & Bar besichtigt werden.

Der Turm des heiligen Nikolaus (Szent Miklós) ist auch von außen zu sehen. Im Mittelalter hatte der obere Teil des Turms einen achteckigen Grundriss. Im Jahr 1976 wurden in den oberen Bereich ein Wassertank und mehrere Antennen eingebaut.

Im Nordflügel des Hotels wurden die Ruinen in stilisierter Form in das moderne Gebäude integriert, und auch der Kreuzgang wurde wiederaufgebaut. Im Kreuzgang sind römische Relikte und Teile von Grabsteinen aus dem 14. und 15. Jahrhundert ausgestellt. In der Mitte befindet sich ein acht Meter tiefer Brunnen, der die Wappen von König Matthias und János Szapolyai trägt. Die fehlenden Originalelemente wurden durch moderne Materialien wie Kupferplatten und in Beton eingebettete Glasblöcke ersetzt. Der Südflügel weist die ursprüngliche Fassade eines Jesuitenkollegs auf, das zwischen 1688 und 1702 erbaut und 1785 um ein zusätzliches Stockwerk erweitert wurde. Nach dem Zweiten Weltkrieg wurden nur die Wände der Hauptfassade beibehalten und in das Hotelgebäude integriert. Um die Hotelzimmer an die alte Fassade anzugleichen, wurden die Ebenen der Zimmer abgestuft.

Auf dem Gelände wurden schon archäologische Forschungen durchgeführt, bevor das *Hilton* erbaut wurde: An der Planung des Hotelkomplexes waren sogar Historiker und Archäologen beteiligt.

BEER-PALAST DE LA MOTTE UND SEIN DACHGESCHOSS

(17)

Einblick in die Welt einer Apotheke des 18. Jahrhunderts

1014 Budapest, 15 Dísz tér
Di–So 10–18 Uhr
Bus: Linien 16, 16B – Haltestelle Dísz tér

Die reich verzierten Wände, die *enfilade* (Raumflucht), die Küche und das Dachgeschoss des kleinen Beer-Palastes De La Motte am Dísz tér 15 im Burgviertel sind einen Besuch wert: Sie bieten einen schönen Einblick in die Welt der Apotheken des 18. Jahrhunderts.

Das Mobiliar der Zimmer ist zwar nicht authentisch, aber die Wanddekoration ist etwas ganz Besonderes. Es gleicht einem Wunder, dass die Originalkunstwerke, die unter über einem Dutzend späterer Farbschichten verborgen waren, wiederhergestellt werden konnten. Die größten historischen Attraktionen des Palastes bilden das Winterspeisezimmer, der Wohnraum, das Schlafzimmer, das Studienzimmer und der prächtige Salon. Die Gemälde im Studienzimmer nehmen Bezug auf das Leben von János Beer, dem Sohn des Hauses, der Arzt wurde.

Die anderen Räume sind ebenso interessant. Die Küche, die viel schlichter gestaltet ist, verfügt über eine Decke in Form eines Tonnengewölbes. Ein paar Stufen weiter hinten führt eine steile Treppe hinauf zum Dachgeschoss, wo getrocknete Kräuter lagern, die auf die einstige Nutzung dieses Raumes hinweisen. Der Apotheker Beer nutzte die Kräuter zur Herstellung seiner Medikamente, Cremes und Deodorants. Die meisten Balken des Dachstuhls sind über 200 Jahre alt.

Im Mittelalter standen hier drei Häuser, die bei der Belagerung von Buda im Jahr 1686 zerstört wurden. Die verbliebenen Fundamente wurden in der Barockzeit für den Bau von zwei neuen Häusern genutzt. In eines dieser Häuser zog 1760 kurzzeitig die Familie De La Motte ein. De la Motte war ein Oberstleutnant der Armee. Im Jahr 1773 wurde das Gebäude an den königlich-militärischen Apotheker József Beer verkauft, der die *enfilade* mit Wandgemälden ausstattete, während der Großteil des Erdgeschosses heute von einem Postamt belegt ist.

DIE MIKWE AM SZENT GYÖRGY TÉR

18

Eine verborgene Mikwe im Burgviertel

1014 Budapest, Szent György tér
budaivarsetak.hu
Besichtigung nur im Rahmen einer Gruppenführung
Bus: Linien 16, 16A, 116 – Haltestelle Dísz tér

Die Mikwe am Szent György tér, ein seit langem ungenutzter Brunnen, war einst das Ritualbad der örtlichen jüdischen Gemeinde. Die jüdischen Frauen waren dazu verpflichtet, einmal im Monat vollständig in das Wasser zu tauchen, um sich zu reinigen. Die Mikwe war stets eines der ersten Bauwerke, die in einer neuen jüdischen Siedlung errichtet wurden – sie hatte sogar Vorrang vor der Synagoge. Der zugemauerte Teil der Mikwe verbirgt ein Becken, das früher mehr Wasser als heute enthielt. Ursprünglich führte eine Holztreppe hinunter zur Mikwe und eine hölzerne Leiter in das Becken.

Der heutige Szent György tér war der Ort, an dem die ersten jüdischen Familien ihre Häuser errichteten, nachdem König Béla infolge der mongolischen Invasion (1241 bis 1242) in ganz Ungarn Befestigungsanlagen errichten ließ. Die Häuser von damals sind heute verschwunden, aber man kann die Keller und das Höhlensystem besichtigen, die im Laufe der Jahrhunderte teilweise erhalten geblieben sind. Die Keller dienten einst verschiedenen Zwecken, z. B. zur Lagerung von Lebensmitteln und Wein sowie als Versteck vor Feinden. Die Brunnen lieferten frisches Wasser für jedes Haus.

Einer der Brunnen stammt noch aus der Zeit von König Matthias, der im 15. Jahrhundert regierte.

Die einzige Mikwe, die im modernen Budapest heute noch genutzt wird, befindet sich in der Kazinczy utca und ist nur für Mitglieder der jüdischen Gemeinde zugänglich.

Weitere Informationen über die Geschichte der Juden in Budapest finden Sie auf Seite 259.

Aus geologischer Sicht besteht die unterste Erdschicht aus Dolomit, der von einer Schicht aus Budaer Mergel – einem porösen, tonhaltigen Gestein – bedeckt ist. Darüber befindet sich eine Schicht aus Sedimentgestein, dann folgt eine Schicht aus Kalkstein. Die uralten Warmwasserquellen schufen Hohlräume in den oberen Gesteinsschichten, die von den ersten Siedlern zu Kellern und Brunnen ausgehoben wurden. Daher stammt auch die poröse und schwammartige Bodenstruktur des Burgviertels – die der Grund dafür ist, dass im Burgviertel nur Kleinbusse zugelassen sind.

DIE MARKIERUNGEN AN DER KETTENBRÜCKE

(19)

Wie man den Wasserstand der Donau misst

Budaer Seite der Kettenbrücke
Bus: Linien 16, 16B, 105 – Haltestelle Clark Ádám tér; Tram: Linien 19, 41 – Haltestelle Clark Ádám tér

Auf dem Budaer Steinpfeiler der Kettenbrücke erkennt man bei genauerem Betrachten in den Stein gemeißelte römische Ziffern: XI, X, IX usw. Auf der rechten Seite sind zudem verschiedene Linien eingemeißelt, und ebenfalls rechts ist eine weitere Reihe von römischen Zahlen zu sehen. Diese beiden Systeme wurden im 19. Jahrhundert entwickelt, um den Wasserstand der Donau zu messen. Die erste Ziffer – in

der Maßeinheit Wiener Fuß (*bécsi láb*, entspricht 0,31608 Meter) – wurde im Jahr 1850 in den Stein gemeißelt. Daneben wurden kurze Zeit später weitere Ziffern nach dem metrischen System vermerkt. Beide sollten den gleichen Nullpunkt haben, aber die metrische Markierung ist in Wirklichkeit 8,4 Millimeter höher, und ab dem Jahr 1850 wurden die Messungen ungenau, da die Pfeiler der Brücke allmählich in die Donau absanken (78 Millimeter in hundert Jahren). Im Jahr 1817 wurde unter dem Fährterminal Vigadó tér ein neuer Wasserstandsmesser installiert. Nach einer Aktualisierung im Jahr 1988 liefert er nun die offiziellen Wasserstands-Daten der Donau.

IN DER UMGEBUNG

Der Flutmesser

1011 Budapest, 2 Bem rakpart

Nördlich der Kettenbrücke verbirgt sich zwischen den Straßenbahnschienen und dem Gehsteig ein verschnörkelter grauer Schrank. Die alt wirkende Vitrine enthält eine moderne Anzeige, auf der man den aktuellen Wasserstand der Donau ablesen kann. Der gusseiserne Schrank wurde von der Gießerei von Antal Oetl (das alte Fabrikgebäude beherbergt heute das Gießereimuseum) gefertigt und um 1913–1915 hier aufgestellt. Die vier Seiten des Schrankes waren ursprünglich mit einem Flutmesser, einem Thermometer, einem Barometer und einer Uhr ausgestattet. Leider gingen diese Geräte im Laufe der Jahre kaputt oder wurden beschädigt. Bei der letzten Renovierung des Schrankes im Jahr 2017 wurde in der grauen Vitrine eine digitale Anzeige installiert, die die alten mechanischen Anzeigen ersetzte.

Die Gedenktafel für den ersten Flutmesser

Das erste Instrument zur Messung des Wasserstands der Donau in Budapest wurde im heutigen Burggarten-Basar installiert. Das Gerät wurde im Jahr 1817 erneuert und mit den Holzrohren verbunden, die das Wasser zum Burgberg führten. Es wurde im Oktober 1863 zum letzten Mal benutzt, um den Nullpunkt des Wasserstandsmessers – der in den Steinpfeiler der Kettenbrücke eingemeißelt ist – zu definieren. Im Jahr 1877 wurde es zusammen mit dem Wasserwerk abgerissen. Die einzige sichtbare Erinnerung an das Instrument ist eine Gedenktafel an der Wand des Burggarten-Basars.

DER JÓZSEF-GRUBER-STAUSEE

⑳

Ein Klavier voller Süßwasser

Gellértberg – 1016 Budapest, Víztározó köz
vizmuvek.hu
Der Stausee kann im Rahmen von Sonderveranstaltungen besucht werden, z. B. am Weltwassertag, der von den Budapester Wasserwerken veranstaltet wird
Bus: Linien 8E, 108E, 110, 112, 178 – Haltestelle Sánc utca

Obwohl die grüne Seite des Gellértbergs einen wunderschönen Panoramablick über die Stadt bietet, wissen nur wenige Einwohner der Region, dass sich unter ihren Füßen ein riesiger Süßwasser-Stausee erstreckt. Er kann nur zu besonderen Anlässen besichtigt werden und bietet ein spektakuläres Innenleben, das einen Besuch lohnt.

Die Außenpfeiler des Stausees sind wie Felsen geformt, damit sie sich in die natürliche Umgebung des Parks einfügen. Das Eingangstor, das von Pest und vom Burgviertel aus nicht zu sehen ist, führt zu einer

kleinen Ausstellung, die die Geschichte der Wasserversorgung in Budapest vom ersten Brunnen bis zum heutigen System der automatisierten Stauseen dokumentiert. Direkt neben der Ausstellungshalle befindet sich ein schmaler Gang mit Glasfenstern, der einen schönen Ausblick auf den Stausee und seine Stützpfeiler bietet.

Das Wasser kommt durch Brunnen aus der Donau und fließt in Stauseen; der größte davon wurde zwischen 1974 und 1980 im Inneren des Gellértbergs gebaut. Er besteht aus zwei Becken mit einer Speicherkapazität von je 40.000 Kubikmetern Wasser, die von 35 cm dicken Stahlbetonwänden umgeben sind. Bei der Planung der Anlage stellte sich ein besonderes Problem: Wie kann ein kontinuierlicher Wasserfluss erreicht und ein Stillstand verhindert werden? Das Problem wurde durch ein klavierförmiges Spezialbecken gelöst – eine Technik, die in kleinerem Maßstab erstmals beim Bau des Stausees in Rákosszentmihály erprobt wurde. Die Forschungsarbeiten wurden von József Gruber geleitet, nach dem die Anlage am Gellértberg benannt ist.

Die unteren Teile der inneren Beckensäulen wurden zusammen mit dem Fundament gegossen. Der Beton musste fortlaufend fließen, um sicherzustellen, dass das Gesamtfundament einheitlich bleibt und keine Lecks entstehen. Insgesamt 25 Betonmischer transportierten 41 Tage und Nächte lang Rohbeton zur Baustelle, während über 200 Bauarbeiter täglich 50 Kubikmeter Beton in das Fundament einfügten. Anschließend folgten die Wände und Säulen, und abschließend wurde eine Betondecke eingezogen. Eine Stahlschicht schützt den oberen Teil des Bauwerks vor den Wurzeln der darüber wachsenden Pflanzen.

DER GARTEN DER PHILOSOPHEN AUF DEM GELLÉRTBERG ㉑

Statuen, die den großen Weltreligionen gewidmet sind

Gellértberg, in der Nähe der Straßen Hegyalja út, Sánc utca und Orom utca
Ganzjährig geöffnet
Buslinien: 8E, 110, 112 – Haltestelle Sánc utca

Der Garten der Philosophen, der im Jahr 2001 auf dem Gellértberg eröffnet wurde, besteht aus einer außergewöhnlichen Skulpturengruppe, die der Bildhauer Nándor Wagner (1922–1997) schuf und der Stadt Budapest im Jahr 1997 stiftete. Wagner, der in Ungarn geboren wurde, lebte ab dem Jahr 1956 in Schweden und ab 1967 schließlich in Japan. Fasziniert von der Vielfalt der Kulturen suchte er sein Leben lang nach Gemeinsamkeiten in den Religionen und Philosophien der Welt – dabei lag sein Augenmerk auf den universellen Botschaften und nicht auf den Unterschieden der Kulturen. Seine Suche inspirierte ihn zur Schaffung dieser Kunstwerke.

In der Mitte des Kreises liegt eine Kugel, die das Symbol der „All-

heit" (sei es Gott, Allah oder die Gottheit Kamisama) verkörpert. Um den Kreis herum sind fünf Figuren angeordnet, die zur Kreismitte blicken: Sie stellen Abraham, den Pharaonen Echnaton (Amenhotep IV.), Jesus, Buddha und Laotse dar, die fünf der großen Weltreligionen repräsentieren. Außerhalb des Kreises sind drei weitere Figuren aufgereiht: Der heilige Franz von Assisi, Daruma (Bodhidharma) und Mahatma Gandhi, der die Lehren der Weltreligionen ergänzte. Zusammen mit der zentralen Kugel bilden sie ein Dreieck.

Eine weitere Statue Nandór Wagners befindet sich in der Nähe des Bécsi kapu („Wiener Tor") im Burgviertel. Diese runde Skulptur, die *Mutter Erde* heißt, steht an der Ecke Ostrom utca/Lovas út im Gras.

Im Garten der Philosophen im Bezirk Nakano in Tokio befindet sich eine ähnliche Skulpturengruppe Nándor Wagners (siehe *Verborgenes Tokio*, auch bei Jonglez Verlag). Seine japanische Version wurde am 4. Dezember 2009 eingeweiht, dem 140. Jahrestag der Aufnahme diplomatischer Beziehungen zwischen Ungarn und Japan.

DER HUNGERFELSEN

22

Ein natürliches Zeichen des Klimawandels

Nördlich der Szabadság-Brücke auf der Seite von Buda
Metro: Linie M4 – Station Szent Gellért tér

Wenn man vom Budaer Ende der Szabadság-Brücke nach Norden auf die Donau blickt, sieht man dort nur selten etwas Ungewöhnliches. Wenn der Wasserstand jedoch sehr niedrig ist, taucht eine Felsformation auf. Sie wird *Ínség-szikla* („Felsen der Hungersnot" oder „Hungerfelsen") genannt und erscheint nur, wenn der Wasserstand eine Höhe von 90 bis 100 Zentimeter erreicht, was in letzter Zeit mehrmals der Fall war: in den Jahren 2011, 2015, 2016, 2018 und 2022.

Früher war bei solch niedrigen Wasserpegeln keine Fischerei möglich, die Transportmöglichkeiten waren stark eingeschränkt und die Dürre beeinträchtigte die Landwirtschaft, was zu zahlreichen wirtschaftlichen Problemen führte, die dem Felsen seinen Namen eingebracht haben. Aus geologischer Sicht gehört der Felsen zum Gellért-Berg, der wiederum Teil einer größeren Felsformation aus 220 Millionen Jahre altem Dolomit ist, die sich vor 34 bis 59 Millionen Jahren gebildet hat. Durch Sedimentbildung und geologische Aktivitäten entstanden mehrere Gesteinsschichten: Der Hungerfelsen besteht aus verkieseltem Sandstein, der im Zeitalter des Eozäns entstand, aber in der Umgebung sind auch Tonschichten zu finden.

Viele Jahrhunderte, bevor die Straße zwischen Hügel und Fluss erbaut wurde, stürzten von den Klippen große Gesteinsbrocken in die Donau. Die Spuren dieser Steine sind entlang der Budaer Seite der Donau noch immer zu sehen: Südlich der Brücke wird das Wasser durch die Felsen aufgewirbelt. Der Pfeiler von Buda wurde teilweise auf dieser Felsformation errichtet und im Jahr 2009 angebohrt, um die U-Bahn-Linie M4 zu errichten, die ein Stück unterhalb der Donau verläuft.

DIE GEDENKTAFEL AM EHEMALIGEN WASSERFLUGPLATZ

(23)

Gedenken an einen Wasserflugplatz

1118 Budapest, Szent Gellért tér
Metro: Linie M4 – Station Szent Gellért tér

Auf der Budaer Seite der Szabadság-Brücke erinnert eine schlichte Steintafel an den Wasserflugplatz, der von 1923 bis 1926 am Gellért tér – im Herzen der Stadt – direkt an der Budaer Seite der Brücke betrieben wurde. Die Flotte bestand aus Junkers F13-Flugzeu-

gen, den ersten Ganzmetall-Verkehrsflugzeugen der Welt, die direkt auf der Donau starteten und landeten.

Im Jahr 1920 wurde der Friedensvertrag von Trianon abgeschlossen, der dazu führte, dass 1922 das Flugverbot in Ungarn gelockert wurde und wieder Zivilflugzeuge starten durften. Der ungarische Graf Endre Jankovich-Bésán schloss sich 1923 mit der deutschen Firma Junkers zusammen: Aeroexpress war geboren, das Flüge zum Plattensee und nach Wien anbot. Aufgrund der politischen Verhältnisse musste Aeroexpress schon drei Jahre später wieder schließen: Obwohl die Erstlizenzen erteilt wurden, konnte die Fluggesellschaft nur internationale Flüge nach Deutschland und Österreich anbieten, was nicht ausreichte, um das Unternehmen rentabel zu machen.

Der Pilot, der am schnellsten über den Atlantik flog

György Endresz war der berühmteste Pilot der Fluggesellschaft. Zusammen mit dem Navigator Sándor Magyar unternahm er im Jahr 1931 seinen berühmtesten Flug: Sie starteten von Neufundland aus und erreichten die Küste Irlands in weniger als 14 Stunden – trotz dichten Nebels und Schwierigkeiten mit dem Kompass. Sie wollten mit ihrer Lockheed Sirius eigentlich auf dem Budapester Flughafen Mátyásföld landen, doch aufgrund des schlechten Wetters mussten sie ihre Flugroute ändern und in der Nähe von Felcsút landen. In nur 25 Stunden und 20 Minuten flogen sie 5.770 Kilometer und brachen dabei drei Weltrekorde: Die beiden unternahmen die schnellste Atlantiküberquerung der Welt und erreichten Irland in 13 Stunden und 50 Minuten; sie erreichten die höchste Durchschnittsgeschwindigkeit (230 km/h) auf einem Langstreckenflug; und sie flogen tiefer in den europäischen Kontinent hinein als jeder andere Pilot zuvor. Endresz und Magyar waren erst die Fünfzehnten der Welt, die über den Atlantik flogen.

EINE TOUR UNTER DEM GELLÉRTBAD

24

Die Herkunft des heißen Wassers im Gellértbad

1118 Budapest, 4 Kelenhegyi út
artistfama@gmail.com (Levente Jamrik)
Besichtigung nur im Rahmen einer Führung, genaue Details per E-Mail erfragen
Metro: Linie M4 – Station Szent Gellért tér

Obwohl das Gellértbad weltberühmt ist, wissen nur wenige Besucher – und auch viele Budapester – nicht, dass man die Räume, die unter dem Bad liegen, im Rahmen einer Führung besichtigen kann. In diesen unterirdischen Räumen befinden sich Maschinen, Gerätschaften und ein langer Korridor, der zu einer kleinen Höhle führt. Man kann auch die Quelle des Thermalwassers besichtigen, das aus einem alten Brunnen stammt, der 15 Meter tief unter dem Gellért-Platz liegt.

Die Vorteile dieses Thermalwassers wurden bereits im 15. Jahrhundert genutzt. Der örtliche Heilschlamm war schon im Mittelalter berühmt – daher stammt auch der alte Name des Bades: *Sáros-fürdő* („Schlammbad"). Als im 19. Jahrhundert immer mehr Besucher nach Budapest kamen, wurde das Bad immer beliebter, sodass man das erste Badehaus errichtete. Dieses wurde jedoch im Jahr 1894 beim Bau der Szabadság-Brücke (zusammen mit der Verlängerung des Kais) wieder abgerissen.

Das heutige Gebäude, in dem sich das Gellértbad und das *Hotel Gellért* befinden, wurde im Jahr 1918 eröffnet. Im gleichen Zeitraum bebaute man auch den Gellért-Platz mit neuen Gebäuden, wodurch die Thermalquelle tiefer in den Untergrund gelangte. Leider vermischte sich das Quellwasser mit dem Wasser der Donau, wodurch es stark an Qualität verlor, sodass eine neue Thermalquelle für das Bad gefunden werden musste. Um weitere Thermalquellen in das Gellértbad zu leiten, wurde in den 1960er-Jahren ein rund 1000 Meter langer Tunnel im Gellértberg errichtet, der das Gellértbad, das Rudasbad und das Ráczbad miteinander verband. Durch diesen Tunnel führte sogar eine Schmalspurbahn, außerdem enthielt er Rohrleitungen für das Fernwärmenetz (Heizwasserrohre), die Wärmeenergie vom Kraftwerk Kelenföld (s. S. 200) ins Burgviertel leiteten. In der Zeit des Kalten Krieges sollte der Tunnel auch als Luftschutzbunker dienen, wurde aber nie zu diesem Zweck genutzt. Beim Bau des Tunnels wurde unter der Höhlenkirche eine kleinere Höhle entdeckt.

DIE BIBLIOTHEK DER TECHNISCHEN UNIVERSITÄT

25

Ein verborgenes Juwel, das man gesehen haben muss!

1111 Budapest, 4-6 Budafoki út
omikk.bme.hu
Mo–Fr 9–20 Uhr mit Jahreskarte (der Lesesaal kann manchmal auch ohne Bibliothekskarte besichtigt werden)
Im November ist Tag der offenen Tür; an den Europäischen Tagen des Denkmals im September finden Führungen durch die Bibliothek statt
Metro: Linie M4 – Station Szent Gellért tér

Mit ihren neugotischen Bögen, großen Fenstern und klassischen Möbeln wirkt die Bibliothek der Technischen Universität, als sei sie einem Harry-Potter-Film entsprungen. Der historische Universitätscampus ist ein verborgener Schatz der Stadt, den man gesehen haben muss – und sein schönstes Schmuckstück ist eindeutig der Lesesaal der Bibliothek.

Obwohl Samu Pecz die Markthalle am Fővám tér und das Nationalarchiv im Burgviertel gestaltet hat, ist der Architekt nicht besonders bekannt. Er entwarf 1905 die Pläne für die Hauptbibliothek und den Lesesaal der Technischen Universität (die sich hinter dem zentralen „K"-Gebäude befinden), deren Bau im Jahr 1909 abgeschlossen wurde. Das Dach ist mit Kacheln aus der Zsolnay-Fabrik gedeckt, während die Glasarbeiten, die noch im Original erhalten sind, von Miksa Róth geliefert wurden. Ein geschlossener Korridor, der auch *Sóhajok hídja* („Seufzerbrücke") genannt wird, verbindet das Hauptgebäude mit der T-förmigen Bibliothek, die in drei verschiedene Bereiche unterteilt ist, die jeweils eine bestimmte Funktion haben: ein Lesesaal, ein Bereich für die Datenverarbeitung und ein Lagerraum. Das Regalsystem wurde von der Eisengießerei und Maschinenfabrik Schlick hergestellt. Die Bibliothek ist den kurzen Fußweg vom Gellért tér definitiv wert.

Die Bibliothek verfügt über eine riesige Granittreppe, die die unteren Ebenen mit dem oberen Korridor der Brücke verbindet. Der Lesesaal ist etwa 400 Quadratmeter groß und bietet Platz für 200 Personen. Die Gewölbebögen der elf Meter hohen Decke werden von zwölf Marmorsäulen gestützt.

Anlässlich des Besuchs von Kaiser Franz Joseph I. im Jahr 1910 schenkte der ungarische Ministerpräsident der Universität eine sechs Meter hohe Statue aus Carrara-Marmor, die den Kaiser und die Kaiserin Elisabeth darstellt. Der Sockel wurde von Imre Steindl, dem Architekten des Parlamentsgebäudes, entworfen. Im Untergeschoss mussten zusätzliche Stützpfeiler installiert werden, da die Statue, die im Zentrum der Bibliothek aufgestellt wurde, ein sehr hohes Gewicht hatte. Nach dem Zweiten Weltkrieg wurde die Statue Elisabeths nach Epreskert gebracht (siehe S. 70).

DIE KIRCHE DER UNGARISCHEN HEILIGEN

(26)

Eine Kirche, die als Pavillon des Vatikans auf einer Weltausstellung dienen sollte, die nie stattfand …

1117 Budapest, 1 Magyar Tudósok körútja
magyarszentektemploma.hu (hier findet man die Termine der Gottesdienste)
Tram: Linien 4, 6 – Haltestelle Petőfi híd, budai hídfő; Bus: Linien 153, 212 – Haltestelle Petőfi híd, budai hídfő

Anfang der 1990er-Jahre sollte in Budapest die Weltausstellung Expo 95 stattfinden. Später wurde das Projekt in Expo 96 umbenannt und sollte in Budapest und Wien stattfinden. Weil das Land in wirtschaftliche Schwierigkeiten geriet, wurde die Ausstellung schließlich abgesagt, obwohl ein Großteil der Bauarbeiten bereits begonnen hatte. Nach der Absage beschloss die katholische Kirche, den Vatikan-Pavillon trotzdem zu errichten – er war von Anfang an so konzipiert, um nach der Expo als Kirche zu fungieren, und so den Bewohnern des Stadtviertels und den Studenten der umliegenden Universitäten zu dienen. Die Kirche, die von den Architekten Mihály Balázs und Ferenc Török entworfen wurde, öffnete im August 1996 ihre Pforten.

Der Pavillon besteht aus zwei Bereichen, die durch ein hölzernes Tor miteinander verbunden sind: einem zentralen Kuppelsaal und dem langgestreckten Gemeindegebäude (das über Versammlungsräume und Büros verfügt). Zwischen der Kuppel und dem Tor befindet sich eine turmartige Mauer mit drei Glocken.

Die Jesusfigur am Kreuz wurde aus einem 70 Jahre alten Birnbaum geschnitzt, der in dem Jahr gefällt wurde, in dem die Kirche eröffnete. Eine Gedenktafel unter der Orgel erinnert an Papst Johannes Paul II., der den Grundstein segnete.

Das Straßennetz des Infoparks, die Rákóczi-Brücke und die Tüskecsarnok-Sporthalle sind weitere Überreste der Expo, die nie stattfand: Die C-förmige Straße sollte als Hauptverkehrsstraße des Expo-Geländes dienen. Die Rákóczi-Brücke wurde 1995 eröffnet, die Tüskecsarnok-Sporthalle hingegen erst 2014.

Újlipótváros
Radnóti Miklós utca
Balzac utca
Carl Lutz rakpart
MARGIT HÍD
Katona József utca
Gyula utca
Hegedűs Gyula utca
Kresz Géza utca
Váci út
FERDINÁND HÍD
Munkácsy Mihály utca
Bajza utca
Podmaniczky utca
Szinyei Merse utca
JÁSZAI MARI TÉR
Szent István körút
Széchenyi rakpart
Balaton utca
Stollár Béla utca
Markó utca
Nyugati pályaudvar
Budapest-Nyugati
Bajza utca
Szondi utca
Andrássy út
Kodály körönd
Terézváros
Id. Antall
Országház
Alkotmány utca
KOSSUTH LAJOS TÉR
Lipótváros
Podmaniczky utca
Jókai utca
Teréz körút
Vörösmarty utca
Izabella utca
LÖVŐLDE TÉR
Báthory utca
Kossuth Lajos tér
Nagymező utca
Oktogon
Király utca
József rakpart
Zoltán utca
Arany János utca
SZABADSÁG TÉR
Bajcsy-Zsilinszky út
Andrássy út
Dob utca
Széchenyi utca
Arany János utca
Opera
Erzsébet körút
Nádor utca
Dob utca
Wesselényi utca
ALMÁSSY TÉR
Zrínyi utca
Bajcsy-Zsilinszky út
Erzsébetváros
SZÉCHENYI LÁNCHÍD
SZÉCHENYI ISTVÁN TÉR
József Attila utca
Deák Ferenc tér
Király utca
Klauzál utca
Dob utca
Wesselényi utca
Blaha Lujza tér
Jane Haining rakpart
Apáczai Csere János utca
Vörösmarty tér
Károly körút
Dohány utca
Pest
Gerlóczy utca
Petőfi Sándor utca
Astoria
Rákóczi út
Stáhly utca
Vas utca
Szentkirályi utca
József körút
Buda
Friedrich Born rakpart
Kossuth Lajos utca
Attila út
Ferenciek tere
Bródy Sándor utca
ERZSÉBET HÍD
MÁRCIUS 15. TÉR
Belváros
EGYETEM TÉR
Palotanegyed
Hegyalja út
Váci utca
Múzeum utca
Kálvin tér
Baross utca
Raoul Wallenberg rakpart
Duna
Jane Haining rakpart
Üllői út
József körút
Citadella
Lónyay utca
Ráday utca
SZABADSÁG HÍD
Fővám tér
Jubileumi park
Corvin-negyed
Kinizsi utca
Belső-Ferencváros
Közraktár utca
Lónyay utca
Ferenc körút
Szent Gellért tér – Műegyetem
Gellérthegy
Mányoki út
Bartók Béla út
Valdemar és Nina Langlet rakpart
Ménesi út
PETŐFI HÍD
Lágymányos
Móricz Zsigmond körtér
N
0
200
400 m

Zentralpest

DIE SCHIFFER-VILLA

①

Ein herrliches kleines Juwel in der Stadt

Ungarisches Museum für Zoll- und Steuergeschichte
1063 Budapest, 19/B Munkácsy utca
472 6342 – muzeum@nav.gov.hu
Mo–Do 8–15.30 Uhr, Fr 8–13.30 Uhr
Führungen möglich – für die Buchung bitte anrufen oder eine E-Mail schreiben
Metro: Linie M1 – Station Bajza utca

Die Villa wurde in den Jahren 1910 bis 1912 nach den Entwürfen des Architekten József Vágó errichtet, der auch für das Gutenberg-Haus,

den Gresham-Palast und das Árkád-Bazár-Gebäude verantwortlich zeichnet (s. S. 108). Sie wurde im Auftrag von Miksa Schiffer, einem wohlhabenden Unternehmer und Eisenbahningenieur, erbaut.

Die Innenarchitektur der Villa folgt einem immer wiederkehrenden Thema: Es geht um die Wiedergeburt der Künste, die eine neue Harmonie zwischen Mensch und Natur kreieren. Die meisten Innenräume wurden von Vágó entworfen, der für die Möbel, die Majolika-Dekoration, die Textilien und die Beleuchtung verantwortlich war. Auf den Keramiken, die aus der Zsolnay-Fabrik stammen, sind Motive aus Flora und Fauna zu sehen, doch es gibt auch geometrische Muster, die den Einfluss der „Wiener Werkstätte" widerspiegeln. Viele Stücke tragen das kleine Monogramm „SM": die Initialen von Miksa Schiffer (in Ungarn wird der Familienname zuerst geschrieben).

Im Erdgeschoss befanden sich die öffentlichen Bereiche – der Saal, das Esszimmer, die Salons und ein Arbeitszimmer –, während das Obergeschoss der Familie vorbehalten war. Im Keller befanden sich die Räume der Haushälterin, eine Küche, ein Heizungsraum und ein Billardzimmer. Der Saal ist der authentischste Raum des Hauses: Das große Glasfenster von Károly Kernstock, das die verlorene „ideale Welt" darstellt, wurde in den 1980er-Jahren restauriert. An der Wand hängt ein Gemälde von Kernstock, in dessen Zentrum Schiffer steht. Im Saal sind auch ein Blumenbecken aus Carrara-Marmor (von Vilmos Fémes Beck) und ein sitzender männlicher Akt aus weißem Marmor (geschaffen von dem Bildhauer Miklós Ligeti) zu sehen.

Nach dem Zweiten Weltkrieg erhielt die Villa einen neuen Gebäudeflügel im Hinterhof; außerdem wurden die Räume im Obergeschoss unterteilt. Die Firma Hungarofruct hatte jahrzehntelang ihren Hauptsitz in der Villa. Im Jahr 1994 wurde das Gebäude der Behörde für Zoll und Verbrauchsteuern übergeben und umfassend restauriert. Ein Jahr später wurde hier das Museum für die Ungarische Zoll- und Steuergeschichte eröffnet. Besonders interessant sind die Artefakte, die mit dem Zollamt im Hafen von Fiume (heute Rijeka) in Verbindung stehen: Dazu gehören Uniformen von Steuerbeamten, Schreibmaschinen, Wappen und alte Fotografien.

KUNSTKOLONIE EPRESKERT

②

Ein Paradies für Kunst

1062 Budapest, 41 Bajza utca
Nur für Veranstaltungen geöffnet (siehe Website mke.hu)
Metro: Linie M1 – Station Bajza utca

Epreskert (auf Ungarisch „Maulbeergarten") war Ende des 19. bis Anfang des 20. Jahrhunderts eine Künstlerkolonie in Budapest, die

von der Bajza utca, der Szondi utca, der Munkácsy Mihály utca und der Kmety György utca begrenzt wurde. Bis in die 1870er-Jahre wurden hier Maulbeerbäume gezüchtet. Im Zuge der Stadterweiterung wurden weitere Grundstücke geschaffen, und der erste Künstler, der sich in diesem Viertel niederließ, war der Bildhauer Adolf Huszár, der sein Neorenaissance-Atelier auf einem von der Stadtverwaltung gestifteten Grundstück errichtete.

Im Jahr 1883 bezog die Ungarische Akademie der Schönen Künste den Nordteil des Grundstücks. In den folgenden Jahrzehnten zogen zahlreiche Künstler in neue Ateliers: Unter den Bewohnern waren György Zala, der Bildhauer des Millenniumsdenkmals, das auf dem Heldenplatz steht, und Árpád Feszty, der Maler des riesigen Rundgemäldes *Ankunft der Ungarn* (das in der Gemeinde Ópusztaszer ausgestellt wird). Nach dem Ersten Weltkrieg wurden viele Ateliers abgerissen oder durch neue Gebäude ersetzt. Während des Zweiten Weltkriegs wurde die Kolonie bombardiert – ein Teil des Grundstücks wurde später von der angrenzenden sowjetischen Botschaft beschlagnahmt. Heute sind nur noch die Gärten übrig, in deren Zentrum sich der Kalvarienberg befindet, der früher auf dem Kálvária tér stand. Der Bildhauer Alajos Stróbl rettete ihn 1893 vor dem Abriss und baute ihn hier Stück für Stück wieder auf.

Die Gärten sind zu einem Ort der Kunst geworden: Als die Matthiaskirche im Burgviertel wieder aufgebaut wurde, ließ Stróbl Steinmetzarbeiten aus der alten Kirche hierherbringen; es gibt eine Statue des ungarischen Malers Bertalan Székely, geschaffen von György Oszvald (1930); und eine von Stróbl in Auftrag gegebene Nachbildung der Büste von König Matthias. Stróbls eigenes Atelier wird von der Gipsstudie eines Pferdes bewacht, die für die Reiterstatue des Heiligen Stephan (die vor der Fischerbastei steht) angefertigt wurde.

DIE FREIMAURERSYMBOLE IN DER 45 PODMANICZKY UTCA

③

Der einstige Hauptsitz der Symbolischen Großloge von Ungarn

Mystery Hotel
1064 Budapest, 45 Podmaniczky utca
mysteryhotelbudapest.com
Trolleybus: Linie 73 – Haltestelle Ferdinánd híd (Izabella utca)

Das Gebäude in der Podmaniczky utca 45, das heute ein Luxushotel beherbergt, birgt viele diskrete Symbole, die auf seine frühere Nutzung als Hauptsitz der Symbolischen Großloge von Ungarn hinweisen. Auf den Schlusssteinen der Fensterbögen im Erdgeschoss befinden sich Hermesfiguren im ägyptischen Stil; auf dem Vorsprung der Hauptfassade thront eine Sphinx. Das alte Ägypten war seit jeher eine Inspirationsquelle für die Freimaurer, da es als einer der wichtigsten Orte der Weisheit und des Wissens galt. Die Ecke des Daches wird von einer großen, von vier Eulen getragenen Weltkugel dominiert (Symbol für Weisheit). Rundherum verlaufen Tierkreiszeichen, und von oben blickt das Auge der Vorsehung (das „allsehende Auge") herab. Es steht als Symbol dafür, dass alles, was der Mensch im Leben tut, vom Allmächtigen Baumeister des Universums beobachtet wird. Weitere Freimaurersymbole an der Fassade des Gebäudes sind das berühmte Winkelmaß und mehrere Steinvasen mit dem Motiv des Zirkels (s. S. 75).

Auch in den Sälen des Gebäudes befinden sich zahlreiche Symbole; diese sind heute öffentlich zugänglich, was in der Vergangenheit nicht der Fall war. Im dritten Stock liegt der ehemalige große Saal, in dem sich heutzutage ein Restaurant befindet. Der schwarz-weiß karierte Fußboden (der uns daran erinnert, dass all unsere täglichen Handlungen eine Mischung aus guten und schlechten Taten sind) und die sternenverzierte Decke (die das Emporstreben symbolisiert) sind wichtige Dekorationselemente mit Freimaurersymbolik.

Die Freimaurer in Ungarn

Die erste ungarische Freimaurerloge wurde im Jahr 1774 in Bratislava gegründet; zu ihren Mitgliedern gehörten Persönlichkeiten wie Ferenc Kazinczy und Ignác Martinovics. Die Freimaurer wurden 1795 verboten, erlebten aber nach dem Österreichisch-Ungarischen Ausgleich von 1867 eine neue Blütezeit. Die Symbolische Großloge von Ungarn entstand im Jahr 1886 aus dem Zusammenschluss von zwei Organisationen: der Blauen Loge und der Loge Schottischer Ritus Grand Orient (Scottish Ritual Grand Orient). Von 1886 bis 1919 blühte die ungarische Freimaurerei erneut auf: Fast 11.000 Freimaurer arbeiteten in nahezu hundert Logen, darunter Persönlichkeiten wie Endre Ady, József Balassa, György Bölöni, Ignotus, Károly Kernstok, András Mechwart, Sándor Wekerle, Dezső Kosztolányi, István Ferenc Pulszky, Elek Benedek, Géza Kresz, Jenő Heltai, Ottó Bláthy Titus und viele andere.

Die Symbolische Großloge der ungarischen Freimaurer schlug im Jahr 1890 den Bau eines Logenhauses vor. Unter den zwölf Bewerbern wurde Vilmos Ruppert ausgewählt. Ruppert war selbst Freimaurer – er war Mitglied der Loge der Alten Getreuen. Im Jahr 1896 erfolgte die feierliche Übergabe des Gebäudes.

Der wichtigste Raum des Logenhauses war der heilige Saal im vierten Stock (der von verschiedenen Logen auch „Tempel" oder „Atelier" genannt wurde). Die Buntglasfenster stammen von Miksa Róth, die Porträts im Büro des Großmeisters wurden von dem ungarischen Maler Mór Than geschaffen. In diesem Saal befindet sich heute das Hotelrestaurant.

Im Ersten Weltkrieg funktionierte die Großloge das Gebäude zum Feldlazarett um. Das Logenhaus wurde im Jahr 1919 verstaatlicht, nachdem die Räterepublik und der ungarische Innenminister Mihály Dömötör die Aktivitäten der Freimaurer formell verboten hatten. Im Mai 1920 zog der Nationale Verteidigungsverband Ungarns in das Gebäude ein. Nach dem Zweiten Weltkrieg nutzten die Freimaurer das Gebäude erneut für kurze Zeit, bis das Innenministerium das Haus 1947 in Anspruch nahm und bis zum Regimewechsel im Jahr 1989 belegte. Danach stand das Haus jahrzehntelang leer, bis es im Jahr 2018 in ein Hotel umgewandelt wurde.

Die Freimaurersymbole Winkelmaß und Zirkel

Das Winkelmaß, das im Bauwesen zur Überprüfung von Winkeln verwendet wird, lehrt auch, „in Rechtschaffenheit und Übereinstimmung mit den freimaurerischen Regeln zu handeln und sein Verhalten mit den Grundsätzen von Moral und Tugend in Einklang zu bringen". Als Symbol für den Freimaurer, der an sich selbst arbeitet und sich vom rohen Fels zum geschliffenen Stein entwickelt, wird das Winkelmaß oft mit der Materie gleichgesetzt und steht für „Geradlinigkeit im Handeln". Der Zirkel mit seinen variablen Abständen symbolisiert den Verstand und steht für das „Maß in der Forschung". Es fällt auf, dass Winkelmaß und Zirkel zwar häufig zusammen dargestellt werden, aber nicht immer in der gleichen Weise angeordnet sind. Befindet sich das Winkelmaß auf dem Zirkel, wird der erste Grad dargestellt, der Lehrling: In diesem Stadium hat die Materie (Winkelmaß) noch Vorrang vor dem Geist (Zirkel). Wenn sich Winkelmaß und Zirkel kreuzen, verweist dies auf den zweiten Grad der Freimaurerei: den Grad des Gesellen, einen Evolutionsgrad, in dem Materie und Geist im Gleichgewicht sind, was eine notwendige Voraussetzung für das Erlangen der spirituellen Erleuchtung ist. Wenn der Zirkel auf dem Winkelmaß liegt, bedeutet dies, dass der Geist die Materie überwunden hat – ein Initiationsprozess, der in der Freimaurerhierarchie durch den dritten Grad des Meisters repräsentiert wird.

DER KÖNIGLICHE WARTESAAL IM BAHNHOF NYUGATI

④

Von diesem Bahnhof reisten die Habsburger einst zum Schloss Gödöllő

1065 Budapest, Nyugati tér
mavrailtours.hu
Geöffnet zu Veranstaltungen von MÁV Rail Tours (Veranstaltungsprogramm siehe Website), zu den Europäischen Tagen des Kulturerbes (September) oder zur Nacht der Museen (Juni)
Metro: Linie M3 – Station Nyugati pályaudvar

Der Bahnhof Nyugati wurde 1877 erbaut und ersetzte damit ein früheres Gebäude aus dem Jahr 1846. Er war ein Juwel der österreichisch-ungarischen Krone. Von hier fuhren Züge nach Wien sowie zum Kaiserpalast in Gödöllő – deshalb wurde ein wahrhaft königlicher Wartesaal eingerichtet, der exklusiv der Herrscherfamilie vorbehalten war. Er hatte einen separaten Eingang im Ankunftsbereich der Haupthalle; eine große Tür ermöglichte den schnellen Zugang zum kaiserlichen Zug. Die beiden Salons sind renovierungsbedürftig, aber sehr prachtvoll; sie können zu besonderen Anlässen besichtigt werden. Die kleinen Wandleuchten zu beiden Seiten des Haupteingangs waren mit Kronen versehen, die auf die Funktion der dahinter liegenden Säle hinwiesen. Über dem Tor befindet sich die lateinische Inschrift „VIRIBUS UNITIS" („Mit vereinten Kräften") – der Wahlspruch von Kaiser Franz Joseph. *Viribus Unitis* war auch der Name eines Kriegsschiffes und eines Ehrenpreises; zudem wurde der Spruch während der Herrschaftszeit des Monarchen auf die Ränder von Münzen graviert. Der königliche Warteraum bestand ursprünglich aus einem großen Salon, einem kleineren Salon für Kaiserin Elisabeth (Sisi), einem Sitzungsraum für Kaiser Franz Joseph, zwei Umkleideräumen sowie Zimmern für die Wächter und Diener. An der Wand des großen Salons sind die Wappen der Verwaltungsbezirke Arad, Máramaros, Heves, Bihar, Fehér, Pozsony und Trencsén zu sehen; sie weisen auf die Reiseziele der Züge hin, die 1877 von diesem Bahnhof abfuhren. Die Statuen von Franz Joseph und Sisi wurden später durch Skulpturen von István Széchenyi und Gábor Baross ersetzt. In Sisis Salon hängen große Spiegel an den Wänden, die den Raum optisch vergrößern. Der Salon war mit einem kleinen Garten verbunden, in dessen Mitte ein Brunnen stand: Der Garten existiert noch immer, den Brunnen gibt es nicht mehr.

DIE FLIPPER-AUSSTELLUNG

⑤

Unbegrenzt Flipper spielen!

1137 Budapest, 18 Radnóti Miklós utca
flippermuzeum.hu/en
Mi–Fr 16–0 Uhr, Sa 14–0 Uhr, So 10–22 Uhr
Metro: Linie M3 – Stationen Nyugati pályaudvar oder Lehel tér

Die Ausstellung von Flipperautomaten (die im Englischen *pinball* genannt werden) im Flipper-Museum (Pinball-Museum) wurde im Jahr 2014 in einem Keller in der Radnóti Miklós utca 18 eröffnet und ist relativ beliebt bei ausländischen Besuchern, unter den Einheimischen jedoch eher unbekannt. Neben der Sammlung von Flipperautomaten besteht die Hauptattraktion des Museums darin, dass man für den Eintrittspreis unbegrenzt Flipper spielen kann. Heute sind die Flipperautomaten nur noch selten zu sehen – doch in diesem Keller stehen über hundert Stück davon. Balázs Pálfi entdeckte seine Leidenschaft für Flipperautomaten in den 1980er-Jahren, der goldenen Ära der Flipper. Er erwarb seine Sammlung in der ganzen Welt: Der größte Flipperautomat – der Hercules – kam 2015 aus den Vereinigten Staaten dazu und verfügt über Kugeln, die so groß wie Billardkugeln sind. Man darf ihn nur während der Arcadia-Ausstellung spielen (siehe arcadiafest.hu). Das Event wird einmal jährlich in größeren Räumen als dem Keller in der Radnóti utca veranstaltet und bietet den Besuchern eine viel breitere Auswahl an Spielen; zudem kann man auch an Retro-Computerspiel-Turnieren teilnehmen.

Die Herkunft des Wortes pinball

Der englische Name *pinball* für die Flipper-Spiele entstand, weil ältere Automaten aus den 1930er-Jahren Nägel (*pins*) statt Gummipuffer enthielten. Das älteste Beispiel dafür ist ein Bagatelle-Spiel aus dem Jahr 1871.

Neben Flipperautomaten können im Museum auch klassische Arcade-Spiele wie *Space Invaders* und *Mortal Kombat* gespielt werden.

DAS WANDFRESKO *DER ARBEITERSTAAT*

⑥

Ein riesiges kommunistisches Wandfresko, das diskret das Regime kritisiert …

1055 Budapest, 19 Széchenyi rakpart
Das Fresko ist vom Sicherheitstresen aus zu sehen.
Tram: Linien 2, 4, 6 – Haltestelle Jászai Mari tér

Das Bürogebäude des ungarischen Parlaments an der Donau verfügt nicht nur über eine moderne Fassade, sondern auch über ein mutiges, oft unbemerktes Kunstwerk: ein großes Wandfresko, das das sozialistische System in der Ära Kádár kritisiert. Das 96 Quadratmeter große Fresko wurde zwischen 1968 und 1972 von Aurél Bernáth geschaffen und zum 60. Geburtstag von János Kádár, dem Generalsekretär der Ungarischen Sozialistischen Arbeiterpartei und zeitweisen kommunistischen Ministerpräsidenten, eingeweiht. Auf den ersten Blick scheint es dem Arbeiterstaat und dem Proletariat zu huldigen. Bei näherer Betrachtung sind jedoch seltsame Details zu erkennen.

Anders, als es der Titel *Der Arbeiterstaat* nahelegt, gibt es auf diesem Fresko keine einzige Figur, die wirklich arbeitet: Einige hören einer Rede zu, andere unterhalten sich, einer raucht eine Zigarette usw. Sie machen also alles Mögliche – nur nicht arbeiten. Viele der dargestellten Gesichter sind unscharf, einige sind jedoch sehr detailliert. Eine Szene zeigt zwei Menschen beim Schachspiel – einer von ihnen ähnelt János Kádár, der über mehrere Jahrzehnte der kommunistische Führer Ungarns war. Eine andere Figur, die über ihm steht, sieht aus wie György Aczél (er war der führende Kulturpolitiker Ungarns, der das Fresko bei Aurél Bernáth in Auftrag gab). In der Nähe hält ein Propagandist eine Rede vor sitzenden Arbeitern, aber die Figur ist ohne Mund dargestellt, so als sei die Propagandarede bedeutungslos. Einer der Zuhörer sieht aus wie Imre Nagy, der das Land während des Volksaufstands von 1956 anführte und nach der Revolution hingerichtet wurde. Das bedeutet, dass János Kádár – der nach der Hinrichtung Nagys mit Unterstützung von Moskau der nächste Führer des Landes wurde – das Gesicht seines Vorgängers sehen musste, wann immer er zur Arbeit ging …

Unter den Zuhörern ist auch der Schriftsteller Tibor Déry, der zeitweise in Ungarn aufgrund seiner antisozialistischen Haltung auf die schwarze Liste gesetzt wurde. Auch der Künstler selbst hat sich auf dem Fresko verewigt; und im Hintergrund des Bildes sind mehrere Kirchen abgebildet – ein weiteres verbotenes Thema der kommunistischen Propaganda. Auf dem gesamten Kunstwerk ist hingegen kein einziger roter Stern zu sehen.

Der (Wieder-)Aufbau des Gebäudes, das auch als „Weißes Haus" bekannt ist, begann im Jahr 1947. Sein erster „Bewohner" war die berüchtigte ÁVH, die Geheimpolizei der stalinistischen Rákosi-Ära. Nach der Auflösung der ÁVH wurde das Gebäude im Jahr 1961 der Kommunistischen Partei übergeben. Die Büros von János Kádár befanden sich in der ersten Etage. In dem Gebäude wurden früher eine Million Akten aufbewahrt, die das Leben der Bürger Ungarns dokumentierten.

DIE PARLAMENTSBIBLIOTHEK ⑦

Ein wunderschöner, selten besuchter Lesesaal

1055 Budapest, 1–3 Kossuth Lajos tér
parlament.hu/en/web/orszaggyulesi-konyvtar
Mo–Fr 9–20 Uhr, Sa 10–18 Uhr – Voranmeldung erforderlich (siehe Website)
Anmeldung von Gruppenbesuchen unter: latogatas@ogyk.hu
Metro: Linie M2 – Station Kossuth tér

Die 1868 gegründete und seit dem Jahr 1902 am Lajos-Kossuth-Platz ansässige Bibliothek des ungarischen Parlaments verfügt über einen

sehr schönen Lesesaal, der erstaunlicherweise nur selten besucht wird. Um die Bibliothek zu besuchen, muss man einen Mitgliedsausweis beantragen oder einen Gruppenbesuch anmelden – weitere Informationen findet man auf der Website. Der beeindruckende Hauptlesesaal ist 30 Meter lang und zweistöckig. Die Räume bestehen aus slawonischem Eichenholz (nur die Regale sind aus Kiefernholz) und verfügen über schmiedeeiserne Brüstungen, die von Sándor Árkay gefertigt wurden. Die Holzarbeiten stammen größtenteils aus dem Atelier von Alajos Michl. Die blattförmigen Verzierungen finden sich nicht nur im Lesesaal, sondern auch im gesamten Gebäude. Hinter dem Haupteingang (Tor XXV auf der Donauseite) befindet sich ein Raum mit einem Informationsschalter, dessen Decke mit bemalten Holztafeln verziert ist. Die Sessel, die mehrmals neu gepolstert wurden, gehören zur Originalausstattung des Gebäudes und sind inzwischen über 110 Jahre alt. Das Gebäude wurde von dem Architekten Imre Steindl entworfen; im Jahr 1952 wurde es zur öffentlichen Bibliothek ernannt. Der dekorative Hauptlesesaal, der einen schönen Blick auf die Donau bietet, wird von fünf kleineren Sälen ergänzt, die zum Platz hinausblicken. Es gibt noch zwei weitere Lesesäle, die ursprünglich dem Oberhaus und dem Unterhaus dienten. Heute hat das ungarische Parlament nur noch eine Kammer – die Bibliothek wird aber immer noch häufig von Parlamentsmitgliedern besucht. Die Bücher und Zeitschriften, die hier aufbewahrt werden, befassen sich mit den Themen ungarisches und internationales Recht, Politik und Geschichte.

Im Jahr 2014 besaß die Bibliothek 700.000 Bände, und jedes Jahr kommen etwa 5.000 Bände hinzu. Das älteste Buch ist das *Tripartitum* von Werbőczy aus dem Jahr 1514. Zu den Raritäten gehören die Fabeln von Terentius (1550), eine Lutherbibel von 1569 und die wunderschön illustrierten *Icones Plantarium*, die in den Jahren 1800 bis 1822 in insgesamt 14 Bänden erschienen. Die Sammlung seltener Bücher und Handschriften umfasst etwa 8.000 Bände, die aus der Zeit vor 1851 stammen.

DAS FRISEURMUSEUM

8

Ein toller Ort, um sich die Haare schneiden zu lassen

1054 Budapest, 64 Bajcsy-Zsilinszky út
borbelymuzeum.hu
gellei50@t-online.hu
Keine festen Öffnungszeiten – ein Besuch sollte im Voraus per E-Mail angemeldet werden
Bus: Linie 9 – Haltestelle Báthory utca/Bajcsy-Zsilinszky út; Trolleybus: Linien 70, 72, 73, 78 – Haltestelle Báthory utca/Bajcsy-Zsilinszky út

Das einzigartige Museum im Herzen von Budapest wird von dem Friseur András Gellei, einem Mitglied der Friseur- und Barbierfamilie Gellei, geleitet. Das Museumsgebäude beherbergt auch einen Friseursalon und einen kleinen Laden – es ist also ein großartiger Ort, um sich die Haare schneiden zu lassen.

Die Sammlung wurde von dem Friseur Károly Pinke zusammengetragen und später von Gyula Korom (der seit dem Jahr 1996 Märkte und Salons besucht) vervollständigt; so ist die Ausstellung auf mehrere tausend Exponate angewachsen.

In Europa gibt es sieben Friseurmuseen, aber dieses bietet die umfassendste Sammlung und einen praktischeren Ansatz. Die Ausstellung zeigt die Geschichte dieses uralten Berufs, zu dem auch die Barbier-Chirurgen gehörten. Viele Gegenstände dürfen angefasst werden – die Exponate reichen von alten Rasiermessern bis hin zu modernen Klingen (erfunden von Gillette), Bürsten, Scheren, Haartrocknern und Reisesets.

Das älteste Stück der Sammlung ist ein Rasiermesser aus dem 16./17. Jahrhundert, das vom Nationalmuseum restauriert wurde. Die größten Exponate sind Möbel und alte Frisierstühle, die teilweise aus Ländern wie den USA stammen.

Die Aufgaben der frühen Barbier-Chirurgen waren sehr vielfältig. Neben einfacher Körperpflege mussten sie auch Aderlässe durchführen und Zähne ziehen. Die entsprechenden Werkzeuge sind in den Vitrinen ausgestellt. Barbierläden dienten traditionell auch als Männerclubs, in denen man sich in einzigartiger Atmosphäre austauschen konnte.

⑨

DAS GEMÄLDE AN DER STRAßE 28 TERÉZ KÖRÚT

Teil des Bühnenbilds für eine Aufführung im Opernhaus

1066 Budapest, 28 Teréz körút
Privates Wohnhaus
Kann nach höflicher Nachfrage manchmal besichtigt werden
Metro: Linie M1 – Station Oktogon

Wer das unscheinbare Haus in der Teréz körút 28 von außen sieht, kann sich kaum vorstellen, dass es ein geheimes Juwel beherbergt: Über dem rechtwinkligen Treppenhaus befindet sich eine große und wunderschön bemalte Leinwand an der Decke. Vom Erdgeschoss (von der Mitte der Treppe aus gesehen) ist der Blick auf das Gemälde besonders beeindruckend. Es ist nicht viel bekannt über das Bild; man weiß nur, dass es einst als Kulisse für eine Inszenierung im Opernhaus diente. Das Haus wurde von dem Architekten Alajos Augenfeld entworfen und 1898 erbaut. Seine bekanntesten Bewohner waren die Architekten Marcell Komor und Dezső Jakab. Zu Beginn des 20. Jahrhunderts befand sich im Erdgeschoss das Modegeschäft der Schwestern Ullmann.

IN DER UMGEBUNG

Skála Kópé Ministatuen ⑩

Im Bereich vor der Glasfront des Kaufhauses Skála Metró – nahe der Treppe, die zum unterirdischen Bereich führt – befindet sich eine kleine Statue. Sie ist eines der Kunstwerke des Bildhauers Mihály Kolodko (siehe Seite 28). Die Figur stellt Skála Kópé dar, ein Maskottchen der Kaufhauskette Skála Coop. Das Maskottchen sitzt nicht ohne Grund auf einem Bon mit Barcode: Die Einführung des Barcodesystems durch Skála war in den 1980er-Jahren eine große Neuheit in Ungarn. Das rote Herz auf der Brust des Maskottchens bezieht sich auf den alten Slogan: A szívem a vásárlóké – „Mein Herz gehört den Kunden".

DIE UNGARISCHE AKADEMIE DER BILDENDEN KÜNSTE

11

Ein architektonisches Meisterwerk der Neo-Renaissance

1062 Budapest, 69 Andrássy út
Für Besucher zugänglich während der Europäischen Tage des Denkmals im September oder im Rahmen organisierter Veranstaltungen: Details unter mke.hu/english/
Metro: Linie M1 – Station Vörösmarty utca

Die Ungarische Akademie der Bildenden Künste befindet sich in einem wunderschönen Neo-Renaissance-Palast in der Andrássy út und verfügt über eine prachtvolle Innenausstattung.

Vom Eingang aus sieht man das reich verzierte obere Foyer, das von dorischen Säulen getragen wird; die Decke ist mit historistischer Dekorationsmalerei und einer Nachbildung der berühmten Skulptur *Apollo von Belvedere* geschmückt. Seitlich im Foyer befindet sich die Haupttreppe, die in das Obergeschoss führt. Sie ist von einer eiförmigen Kuppel gekrönt, die mit allegorischen Gemälden verziert ist – die Bilder symbolisieren die Malerei, die Bildhauerei, die Architektur, das Zeichnen, den Kupferguss, die angewandte Kunst und die Kunstgeschichte.

Im Obergeschoss führt ein prachtvoller Korridor zu den Räumen der Universitätsdirektion. Die Buntglasfenster wurden von Miksa Róth – dem größten Meister seiner Zeit – geschaffen. Die vier Gemälde an der Decke symbolisieren die Harmonie, die Schönheit, die Realität und die Fantasie.

Eine Kopie des Bevilacqua-Palastes in Verona

Das Gebäude ist vom italienischen Renaissancestil inspiriert: Seine Hauptfassade ist dem Bevilacqua-Palast in Verona nahezu perfekt nachempfunden.

© Lo Scaligero

Das Gebäude wurde von der Nationalen Gesellschaft der Bildenden Künste in Auftrag gegeben und zwischen 1875 und 1877 von Adolf Lang erbaut. Die Gesellschaft wurde im Jahr 1861 gegründet, um die Künste in Ungarn zu fördern. Ihre Mitgliederzahl stieg bis zum Jahr 1896 von 154 auf über 7000 Personen an. Die Műcsarnok („Kunsthalle") am Heldenplatz kann heute besichtigt werden.

EINE AUSSTELLUNG ZUR GESCHICHTE DES KINOS

(12)

Ein Paradies für Kino-Nostalgiker

Facultas-Gymnasium – 1078 Budapest, 46 Hernád utca (4. Stock)
618 4133 – hernadhaz.hu – pestimozi@eromuvhaz.hu
Vorherige Anmeldung erforderlich – die Sammlung ist nur am Wochenende zugänglich
Trolleybus: Linie 74 – Haltestelle Nefejelcs utca, Linie 78 – Haltestelle Bethlen Gábor tér

Zwei ehemalige Klassenzimmer im obersten Stockwerk des Facultas-Gymnasiums beherbergen seit 2020 eine umfangreiche Sammlung der Budapester Stiftung für Kinogeschichte: Sie umfasst Erinnerungsstücke, die aus ehemaligen Kinos der Stadt gerettet wurden – von Kinositzen über Möbelstücke bis hin zu alten Projektoren ist alles dabei.

Ein Saal des Gebäudes, der den Namen „Kinos von Pest“ trägt, ist wie ein altes Kino eingerichtet: Er ist mit Originalfilmplakaten, Fotos berühmter Schauspieler und sogar einem kleinen Büffet-Tisch ausgestattet. In der Ecke steht eine kleine Kabine – die ehemalige Kassenbox –, an der Originalschilder mit Aufschriften wie „FSK 18“ und „Breitwandfilm“ sowie der Sitzplan des Felszabadulás-Kinos hängen. (Das Wort *felszabadulás* bezieht sich auf die Befreiung Ungarns von der Besatzung der Nazis durch die Rote Armee in den Jahren 1944 bis 1945).

Der Kinosaal ist mit Sitzen ausgestattet, die aus anderen Kinos gerettet wurden. Hier steht auch ein großer schwarzer Kasten – ein Lautsprecher, der sich einst hinter der Leinwand des Kinos Európa befand. Im Bereich hinter den Sitzplätzen steht ein großer Filmprojektor vom Typ SK102/B (ein ungarisches Modell aus dem Jahr 1966), der aus einem Freiluftkino in der Stadt Hódmezővásárhely stammt. Er wurde sorgfältig restauriert und ist nun wieder voll funktionsfähig. Der gleiche Projektortyp wurde im Budapester Kino Csillag verwendet. Neben dem Projektor befinden sich Schränke zur Aufbewahrung von Filmen und eine große Xenon-Lampe.

Im zweiten Saal befindet sich eine kleine Ausstellung mit Plakaten zur Geschichte der Filmtheater, die sich einst im 7. Bezirk von Budapest befanden.

Kinos in Budapest

Das Kino hielt am 10. Mai 1896 erstmals Einzug in Budapest, als im Kaffeehaus des *Hotel Royal* die Filme der französischen Brüder Lumière gezeigt wurden. Während ihres Aufenthalts in Budapest drehten die Lumières auch einen Kurzfilm über die Millenniumsparade im Burgviertel, mit der das 1000-jährige Jubiläum der Geschichte Ungarns gefeiert wurde. Im selben Jahr wurde in Budapest das erste Kino – das Ikonográf – eröffnet, obwohl die meisten Vorführungen damals noch in Zelten, Kaffeehäusern oder Freizeitparks stattfanden. Das Kino, das in Budapest die längste Lebensdauer hatte, zeigte im Jahr 1899 seine erste Vorführung im Café Velence. Da der Projektor manuell betrieben wurde, brauchte der Kinobesitzer einen Mitarbeiter, der den Griff mit gleichmäßiger Geschwindigkeit drehte, um den Film abzuspulen. Das Café wurde 1918 in ein richtiges Kino umgewandelt und im Jahr 1995 nach 96 Jahren in Betrieb endgültig geschlossen. Das erste echte Kinogebäude war das Filmtheater von Projectograph, das im Jahr 1899 auf der Erzsébet körút eröffnet wurde, gefolgt vom Kino Apolló, das auf dem Grundstück am Blaha Lujza tér errichtet wurde, wo heute das Kaufhaus Corvin steht. Danach stieg die Zahl der Kinos exponentiell an: Im Jahr 1913 gab es bereits 111 Filmtheater. Die Spanische Grippe von 1918 führte zur Gründung von Freiluftkinos: Das erste wurde im Jahr 1920 im Park von Városliget eröffnet. Im Jahr 1922 öffnete der erste Multiplex-Kinopalast seine Türen: Das Corvin ist noch heute in Betrieb. Ende der 1920er-Jahre endete die Stummfilmzeit, und damit änderte sich auch die Kinoarchitektur: Das Simplon und das Átrium wurden im modernen Stil der damaligen Epoche errichtet und waren von der Bauhaus-Bewegung inspiriert. Am 3. Februar 1945, als Buda noch unter Belagerung stand, nahm das Uránia als erstes Kino wieder den Spielbetrieb auf. Obwohl das Fernsehen bereits im Jahr 1957 aufkam, bot das ungarische Fernsehen bis 1973 nur einen Sender an; bis Ende der 1980er-Jahre wurden montags keine Sendungen ausgestrahlt. Deshalb wurden auch nach dem Jahr 1957 noch viele neue Kinos wie das Kőbánya (1964), das Pest-Buda (1973) und das Budafok (1974) eröffnet; alle befanden sich in den neu errichteten Siedlungen der Außenbezirke von Budapest. Als immer mehr Leute Fernseher besaßen und Heimvideos und Farbfernseher immer beliebter wurden, gingen die Zuschauerzahlen in den Kinos zurück. Im Jahr 1990 gab es nur noch 75 Kinos. Mit dem Ende der sozialistischen Epoche begann die Privatisierung der Filmtheater, die jedoch bald zu noch mehr Schließungen führte. Neue Bürgerinitiativen versuchten, die alten Kinos zu retten, aber die meisten Besucher zog es eher in die Multiplex-Kinos der glänzenden neuen Einkaufszentren.

DER DRACHE AM PEKÁRY-HAUS ⑬

Wenn eine Statue auf einen großen Geschichtenerzähler trifft

1077 Budapest, 47 Király utca
Trolleybus: Linien 70, 78 – Haltestelle Akácfa utca

An der Ecke der Straßen Nagymező utca und Király utca steht ein altes Haus mit einer originalgetreu restaurierten neugotischen Fassade. Über einem der Eckbalkone, der wahrscheinlich erbaut wurde, um das Haus vor Eindringlingen zu schützen, prangt ein Drache mit ausgebreiteten Flügeln. Das Haus wurde im Jahr 1847 von Ferenc Brein für Imre Pekáry (den Polizeichef der Stadt) erbaut und nach Pekáry benannt. Von 1899 bis 1901 wohnte der bekannte Journalist und Schriftsteller Gyula Krúdy in dem Gebäude, man weiß jedoch nicht, in welcher Wohnung des Hauses er lebte.

In den 1870er-Jahren waren viele Dekorationselemente des Hauses bereits verfallen, weil die Steinbildhauereien aus sehr weichem Gestein bestanden. Das ist wohl auch der Grund dafür, dass der Kopf des Drachens abbrach. Krúdy hatte dazu jedoch eine andere Idee: Seinem Roman *Sieben Eulen* zufolge empfing eine Schriftstellerin auf dem Balkon des Hauses regelmäßig Gäste und pflegte Liebesromanzen mit ihren „noblen" Liebhabern. Nach einem Besuch des Verlegers Gyula Déri fiel der Kopf des Drachens auf den Balkon. Vielleicht konnte der Drache den ganzen Liebestumult nicht ertragen? Das Haus (und der Drache) wurden seit dem Jahr 2010 in mehreren Phasen restauriert.

DAS KREUZ DER BASILIKA ST. STEPHAN

(14)

Ein Denkmal für die glorreichen Tage des ungarischen Fußballs

1051 Budapest, 1 Szent István tér
Sonntag 8:00 Uhr
Metro: M1, M2, M3 – Deák tér

Während die Basilika ein touristischer Hotspot ist, ist ihre Krypta Touristen oder sogar Einheimischen kaum bekannt. In der ersten Phase des Baus der Basilika im klassizistischen Stil erbaut, beherbergt das grandiose Innere auch das Grab eines der berühmtesten Ungarn, des Fußballspielers Ferenc Puskás, neben anderen Mitgliedern der berühmten „Goldenen Mannschaft".

Puskás war das berühmteste Mitglied der weltberühmten ungarischen „Goldenen Mannschaft", der später für Real Madrid spielte. Er wurde 2006 hier begraben, gefolgt von drei Mitspielern: Sándor Kocsis starb 1979 und wurde 2012 in der Krypta beigesetzt; 2014 Gyula Grosics und im Jahr 2015 Jenő Buzánszky, das letzte überlebende Mitglied der „Goldenen Mannschaft".

Die Krypta könnte als ein Heiligtum für Fußballfans betrachtet werden. Sie ist jedoch nicht für die Öffentlichkeit zugänglich, sondern nur Familienangehörige der hier Begrabenen sind zugelassen. Aber es gibt eine 30-minütige Morgenzeremonie, die werktags um 8:00 Uhr in der Krypta in ungarischer Sprache abgehalten wird.

Die Besucher der Krypta sind beeindruckt von dem geräumigen Innenraum und den Reihen von dicken weißen Säulen. Die runden Kapellen in den Ecken blicken auf die zentralen Säulen und Hauptstützmauern, während die Gewölbe des Kirchenschiffs und des Querschiffs von zwei Reihen robusterer Säulen getragen werden, die wiederum das enorme Gewicht der Kuppel darüber tragen.

Der Weg zum Bau der Basilika (die ursprünglich eine kleinere Kirche, die an dieser Stelle stand, ersetzen sollte) war nicht einfach. Die Geldsammlung für den Bau begann in den 1810er-Jahren, aber der Bau begann erst 1851 unter der Leitung des Architekten Jozsef Hild, einem bekannten Anhänger des Klassizismus. Hild starb jedoch im Jahr 1867, und kurz nach seinem Tod stürzte die große zentrale Kuppel aufgrund der Schwäche der Ziegel, die die Bögen stützen sollten, ein. Der Bau wurde unter der Leitung von Miklós Ybl, dem Architekten des Schlossgartens und des Opernhauses, fortgesetzt. Ybl entwarf das Gebäude neu, aber die Krypta war zu diesem Zeitpunkt bereits gebaut – daher der Unterschied zwischen der Neorenaissancekirche und dem Klassizismus der Krypta. Leider konnte auch Ybl den Bau nicht vollenden. Nach seinem Tod wurden die Innenausstattungen unter der Aufsicht von József Kauser fertiggestellt, und die Kirche wurde schließlich 1905 vollendet. Im Jahr 1947 verursachte die Nachlässigkeit eines Arbeiters während der Restaurierung einen Brand und die Kuppel brannte ab, aber mit Hilfe staatlicher Unterstützung und gesammelten Geldern erstrahlte die Kuppel bald wieder in ihrem alten Glanz.

DER MICHAEL-JACKSON-BAUM ⑮

Eine historische Stätte für Fans von Michael Jackson

1051 Budapest, Erzsébet tér (nahe dem Hotel Kempinski*)*
Metro: Linien M1, M2, M3 – Station Deák Ferenc tér

Im Jahr 1994 besuchte Michael Jackson Budapest, um ein Promo-Video zu drehen. 1996 kam er zwei weitere Male nach Budapest. Während seines Aufenthalts in der Stadt wohnte er im *Hotel Kempinski*, und seine Fans erinnern sich noch heute an diese Zeit. In einer Ecke des Erzsébet tér, der vom *Hotel Kempinski* überragt wird, steht ein Baum, an dessen Stamm viele Fotos hängen. Dies war der Ort, an dem die Fans ihr Idol begrüßten. Als Jackson im Jahr 2009 starb, versammelten sich seine Fans erneut an diesem Ort und begannen, Erinnerungsstücke an den Baum zu heften. Viele Fans besuchen den Baum noch immer zweimal im Jahr: an Michael Jacksons Geburtstag am 29. August sowie am 25. Juni, dem Jahrestag seines Todes.

> Das Hotel besitzt immer noch das Gästebuch mit Michael Jacksons Unterschrift.

IN DER UMGEBUNG ⑯

Mr.-Bean-Plüschtier-Skulptur

An der Wand des großen historischen Gebäudes in der Harmincad utca 6 ist direkt neben dem Haupteingang eine Miniskulptur zu sehen. Das winzige Kunstwerk des Bildhauers Mihály Kolodko (s. S. 28) stellt einen Teddybären dar. Seine Ähnlichkeit mit der Mr.-Bean-Plüschfigur ist kein Zufall – das Gebäude beherbergte einst die Britische Botschaft.

PORTUGIESISCHE GEDICHTE IN DER METROSTATION DEÁK TÉR

(17)

Keramikfliesen mit geheimer Botschaft

1075 Budapest, Deák Ferenc tér
Metro: Linien M1, M2, M3 – Station Deák tér

Jede Fliese an den Wänden der Metrostation Deák tér (Linie M3) ist mit einem Buchstaben bemalt. Diese Buchstaben haben nicht nur einen dekorativen Zweck, sondern beinhalten auch eine geheime Botschaft. Im Jahr 1996 feierte Ungarn den 1000. Jahrestag der Besiedlung des Karpatenbeckens durch ungarische Vorfahren. Aus diesem Anlass schenkte Metropolitano de Lisboa, die Metrogesellschaft von Lissabon, der Budapester Verkehrsgesellschaft (BKV) diese Fliesenwand. Die Fliesen wurden von dem portugiesischen Maler João Vieira (1934–2009) entworfen und von der Fábrica Cerámica Viúva Lamego hergestellt. Das Kunstwerk wurde am 19. August 1996 feierlich eingeweiht.

Auf einer Seite der Fliesenwand findet man ungarische Gedichte. Die Namen der Autoren erscheinen in Buchstaben, die die Größe von jeweils 2x2 Kacheln haben: ADY (Endre Ady), JOZSEF (Attila József) und PETOFI (Sándor Petőfi). Die Gedichte erscheinen in folgender Reihenfolge von links nach rechts:

- Sándor Petőfi (1823–1849): *Szabadság, Szerelem – Freiheit, Liebe*
- Sándor Petőfi: *A nép nevében – Im Namen des Volkes*
- Endre Ady (1877–1919): *Elillant évek szőlőhegyén – Verlorene Jahre in den Weinbergen*
- Sándor Petőfi: *Az Álom – Der Traum*
- József Attila (1905–1937): *A Dunánál – An der Donau*

Auf der anderen Seite der Wand befinden sich ungarische Übersetzungen portugiesischer Gedichte. Die größeren Buchstaben verweisen auf die Autoren PESSOA, CÉSARO* und CAMOES. Die Gedichte erscheinen in folgender Reihenfolge von links nach rechts:

- Pessoa (Álvaro de Campos) (1888–1935): *Opiárium – Opium*
- Luís de Camões (1524–1580): *Mit akartok, örök vágyakozások? – Was wollt ihr von mir, ewige Sehnsüchte?*
- Cesário Verde* (1855–1886): *Bezárt éj – Verschlossene Nacht*
- Pessoa: *Ő, az az aratómunkásnő énekel – Sie singt, die arme Mäherin*
- Luís de Camões: *Hibáim, balsors, lobogó szerelmem – Meine Fehler, mein Unglück, meine flammende Liebe.*

Obwohl die meisten Ungarn kein Wort Portugiesisch sprechen, ist das erste Wort (*Opiárium*) leicht zu erkennen. Dies hat zu einer urbanen Legende geführt, derzufolge in den Fliesen geheime drogenbezogene Botschaften versteckt sind – das stimmt jedoch nicht.

* *Auf den Fliesen wurde der Name falsch geschrieben: Richtig ist Cesário.*

DAS RELIEF EINES WILDEN MANNES

(18)

Eine historische Werbereklame

1075 Budapest, 5 Károly körút – Metro: Linie M2 – Station Astoria

Das Haus Nummer 5 in der Károly körút hat zwei Besonderheiten, wenn man es sich genauer ansieht: Seine moderne Fassade ist mit einem alten Relief geschmückt, und auf der Spitze des Gebäudes thront ein kleines Türmchen. Die Geschichte des Hauses begann im Jahr 1680 in Dresden, als Philipp Strobel ein Gasthaus mit dem Namen *Wilder Mann* eröffnete. Das Geschäft wurde 1702 von Lüder Hildebrand und anschließend von dessen Tochter Henriette und ihrem Mann übernommen. Das Ehepaar verkaufte das Unternehmen noch im selben Jahr an eine Gruppe von vier Geschäftsleuten. Diese eröffneten mehrere *Wilder-Mann*-Gasthäuser in ganz Europa. Die Filiale, die im Jahr 1736 an der Ecke Károly körút und Dob utca eröffnet wurde, erwies sich als nicht besonders erfolgreich: 1744 wurde sie durch ein kleines Geschäft ersetzt, das ebenfalls „Zum Wilden Mann“ hieß.

In dieser Zeit schuf Lőrinc Dunaiszky ein großes Relief, das als Werbereklame für das Geschäft an der Fassade des Hauses angebracht wurde. Das Haus brannte im Jahr 1807 ab, wurde aber wieder aufgebaut, und das Relief konnte gerettet werden.

Das berühmteste Geschäft, das je in dem Gebäude untergebracht war, war die Diana-Apotheke, die 1898 eröffnet wurde (später zog sie an eine neue Adresse um) und für ihre Salzerbsen der Marke Diana bekannt war. In den folgenden Jahrzehnten wechselte das Gebäude mehrmals den Besitzer, bis es im Jahr 1929 schließlich abgerissen wurde. Das Relief des wilden Mannes wurde abermals gerettet und zum Andenken an das ehemalige Gasthaus an der Fassade des neuen Gebäudes angebracht. Als das neue Haus entworfen wurde, wollten die Eigentümer an der Ecke des Gebäudes einen Turm errichten, der wie die Flasche der Diana-Salzerbsen aussah – doch ihr Antrag wurde von den Behörden abgelehnt. Um einen Kompromiss zu finden, erhielten sie die Erlaubnis, einen Turm in Form eines Flaschenkorkens zu bauen. Am Ende des Zweiten Weltkriegs und während des Ungarischen Volksaufstandes von 1956 wurde der Turm als Posten genutzt, um den Feind zu beschießen. Heute gehört er zu der darunterliegenden Wohnung.

DIE NEONSCHILDER DES MUSEUMS FÜR ELEKTROTECHNIK

⑲

Jedes Neonschild warb für ein sozialistisches Unternehmen

1075 Budapest, 21 Kazinczy utca
kozlekedesimuzeum.hu
Di–Sa 10–16 Uhr
Trolleybus: Linie 74 – Haltestelle Károly körút (Astoria M); oder ein kurzer Spaziergang von der Metro-Station Deák tér (Linien M1, M2, M3)

Im sozialistischen Ungarn gab es ein Regierungsprogramm, das die Verbreitung bunter Neonschilder in den verkehrsreichen Gebieten der Hauptstadt förderte. Die Schilder, die einst charakteristisch für das nächtliche Budapest waren, verschwanden nach 1990 – zusammen mit den einstigen sozialistischen Unternehmen, für die sie warben. Einige dieser Schilder wurden jedoch gerettet und können heute besichtigt werden: versteckt im Hof des Museums für Elektrotechnik.

Die Neonschilder wurden von Gemeinschaftsgruppen gerettet, die sich selbst als „Neon-Retter" bezeichneten. Mindestens ein Dutzend dieser Schilder erhellt nun in dieser versteckten Ecke die Nächte des Budapester Partyviertels. Sie erinnern an sozialistische Unternehmen Ungarns, wie die weiße Taube der Textilreinigung Patyolat, der Einkaufskorb der Supermarktkette Csemege, die zwinkernde Eule eines Antiquariats, die Kaffeebohnen der Marke Omnia …

Das Umspannwerk im Bauhaus-Stil, das heute als Museum dient, wurde von den Architekten Ágost Gerstenberger und Károly Arvé entworfen und im Jahr 1934 im Stadtbezirk Erzsébetváros erbaut. Das Gebäude dahinter ist sogar noch älter: Es wurde 1893 als Maschinenhalle errichtet, in der der 30-kV-Strom des Kraftwerks Kelenföld in 10-kV-Strom umgewandelt wurde (s. S. 200). In den 1960er-Jahren wurde das Hauptnetz aufgerüstet, und die alten Maschinen des Gebäudes hatten ausgedient. Das neue 120-kV-Bauwerk ist das größere, rote Backsteingebäude in der nahe gelegenen Straße Dob utca.

Das ehemalige Umspannwerk wurde im Jahr 1975 als Museum eröffnet. Die Ausstellungsräume sind nach ungarischen Erfindern benannt und beziehen sich auf verschiedene Aspekte der Elektrizität: Beleuchtungstechnik, Haushaltsgeräte und medizinische Instrumente, die Elektrifizierung der Eisenbahn, die Geschichte der Fabrik Ganz, die Geschichte des Strömungsmessers und die Produktion von Strom. Im Jahr 2006 wurde die Ausstellung komplett überarbeitet, um sie interaktiver zu gestalten. Heute können die Besucher hier eine Straßenbahn fahren, mit einem Laufband Hochspannung erzeugen, mit Vakuumröhren spielen und anschließend die Ausstellung „Neonparade" bestaunen.

Die Beleuchtung wird nicht jeden Tag eingeschaltet, daher empfiehlt sich ein Besuch zur Nacht der Museen, im Monat der Architektur oder in der Designwoche. Das Museum plant jedoch, die Neonschilder in Zukunft öfter einzuschalten.

EIN FRESKO VON KÁROLY LOTZ AM BLAHA-LUJZA-PLATZ

20

Nach oben blicken!

1088 Budapest, Blaha Lujza tér
Metro: Linie M2 – Station Blaha Lujza tér

Der Blaha-Lujza-Platz (Blaha Lujza tér), an dem sich die Ringstraße Nagykörút mit der stark befahrenen Rákóczi út kreuzt, gehört zu den verkehrsreichsten Knotenpunkten von Budapest. Der Platz zeichnet sich durch ein hohes Verkehrsaufkommen, überfüllte Busse, Straßenbahnen und U-Bahnen sowie eine Unterführung mit mehreren Ausgängen aus. Nehmen Sie Ausgang D aus der recht hässlichen Unterführung, und wenn Sie oben an der Treppe ankommen, halten Sie einen Moment inne, um nach oben zu blicken. An der Decke prangt ein Fresko von Károly Lotz, dem berühmtesten Wandmaler Budapests.

Das Haus selbst – das sogenannte László-Haus – wurde von 1893 bis 1897 von Zsigmond László nach einem Entwurf des Architekten István Kiss erbaut.

Der Anwalt Zsigmond László (1845–1920) kannte den Architekten wahrscheinlich durch seinen Beruf: Kiss entwarf mehrere Justizgebäude. Das Fresko an der Eingangstür stellt verschiedene Frauenfiguren dar, die angeblich Lotz' Tochter Kornélia zum Vorbild haben. Es wurde 1978 restauriert.

Károly Lotz (1833–1904) war ein deutschstämmiger Maler, der in seiner Frühzeit romantische Landschaften schuf. Später malte er große Wandgemälde und Fresken in Budapest und anderen Städten. Im Jahr 1882 wurde er Professor an mehreren Kunstakademien in Budapest. Nach seinem Tod wurden seine Gemälde, Skizzen und Zeichnungen dem Staat gestiftet; heute befinden sie sich im Museum der Schönen Künste. Zu seinen berühmtesten Werken in Budapest gehören die Deckengemälde im Opernhaus sowie Wandmalereien in der Ungarischen Akademie der Wissenschaften, im Parlamentsgebäude, im Nationalmuseum (in Vigadó), in der Basilika und im Keleti pu (Ostbahnhof). Sein Grab befindet sich auf dem Kerepesi-Friedhof an der Straße Kerepesi út.

Der Leiter der Apotheke an der Ecke war Hugó Örkény, der Vater des berühmten ungarischen Schriftstellers István Örkény, der das Werk *Minutennovellen* verfasste.

DIE KERAMIKFLIESEN DES SPIELZEUGLADENS ÁRKÁD BAZÁR

21

Hier befand sich einst der größte Spielzeugladen von Budapest

1074 Budapest, 22 Dohány utca
Bus: Linien 5, 7, 8E, 108E, 110, 112, 133E, 178 – Haltestelle Uránia

Das Haus an der Ecke Dohány utca/Síp utca ist mit wunderschönen Keramikfliesen verziert, die oft übersehen werden. Sie warben zu Beginn des 20. Jahrhunderts für den größten Spielzeugladen der Stadt. Über dem Haupteingang thront der Name des ehemaligen Geschäfts: Árkád Bazár: Spielzeugladen Késmárky und Illés. Über dem Schriftzug sind zwei Kinder mit Holzschwertern und Papierhüten auf dem Kopf abgebildet, die Soldat spielen. Zwischen ihnen befinden sich zwei kleine Affen, die auf einem Schaukelpferd reiten. Die Fassaden sind mit weißen Keramikfliesen verkleidet, deren dekorative Motive von der ungarischen Volkskunst sowie vom Wiener Jugendstil – vor allem von den Werken Otto Wagners – inspiriert sind.

Das Gebäude wurde 1909 von der Firma Késmárky und Illés errichtet. Das Unternehmen genoss seit Jahrzehnten ein hohes Ansehen und betrieb ein erfolgreiches Geschäft in Karlsbad, dem damals beliebtesten Kurort Europas. In den unteren Stockwerken des Árkád Bazár befand sich der großartigste Spielzeugladen seiner Zeit. Das Erdgeschoss war auf beiden Seiten mit Arkaden ausgestattet, der Haupteingang befand sich an der Ecke. Kinder des frühen 20. Jahrhunderts fühlten sich beim Betreten des Ladens wie im Paradies. Hier standen unzählige Puppen aus aller Welt, Schlitten, elektrische Modelleisenbahnen, Modellschiffe und Schaukelpferde zum Verkauf. Das Angebot des Ladens war beispiellos in Budapest und bot für jeden etwas – vom Arbeiter bis zum Aristokraten.

Da die meisten Waren in Hegybánya hergestellt wurden, hatte der Vertrag von Trianon im Jahr 1920 zur Folge, dass dem Spielzeugladen der wichtigste Lieferant wegfiel, was zu finanziellen Verlusten und im Jahr 1924 zur Schließung des Unternehmens führte. Das Gebäude erlebte eine zweite Blütezeit von 1960 bis 1969, als der Metró-Klub hier untergebracht war.

Der Klub wurde für die Erbauer der U-Bahn gegründet und stand auch Pate für den Namen einer Band (Metró), die hier auftrat. Der Klub war als das Zentrum der ungarischen Beatmusik bekannt und zog viele Jahre lang Scharen von Besuchern an. Später hatte das Gebäude verschiedene Inhaber und Funktionen, aber das Neonschild des Metró Klub verblieb bis 2010 an der Fassade.

DIE VERGESSENE METALLKONSTRUKTION AUF DEM EINSTIGEN NATIONALKASINO

22

Eine Erinnerung an die Ära des Sozialismus

1053 Budapest, 20 Kossuth Lajos utca
Metro: Linie M2 – Station Astoria

Das 1896 errichtete Gebäude an der Ecke der Straßen Semmelweis utca und Kossuth Lajos utca, das heute als „Ungarisches Haus“ bekannt ist, hat eine Metallkonstruktion auf dem Dach, die an den Kreml erinnert. Nach 1919 wurde das Gebäude für kurze Zeit von den Kommunisten übernommen. Nachdem sie ausgezogen waren, wurde das Gebäude als Kasino genutzt. Das Kasino wurde nach dem Zweiten Weltkrieg geschlossen und zwei Institutionen zogen ein: die Gesellschaft der Ungarisch-Sowjetischen Freundschaft und das Haus der sowjetischen Wissenschaft und Kultur. Als der Trend zu Neonreklamen aufkam, wurde auf dem Dach des Gebäudes ein roter Neon-Kreml angebracht. Nach 1990 wurde das Gebäude vom Weltverband der Ungarinnen und Ungarn genutzt, aber die Metallkonstruktion, die die Neonbeleuchtung trug, wurde nie entfernt und ist vom Ende der Magyar utca aus noch immer zu sehen.

DAS HOLZPFLASTER VON HAUS UNGER

23

Damit Pferde und Kutschen weniger Lärm machen ...

1053 Budapest, 7 Múzeum körút – Nur unter der Woche geöffnet
Metro: Linie M2 – Station Astoria

Haus Unger in der Múzeum körút 7 wurde 1852 im Auftrag Henrik Ungers – daher stammt auch der Name des Bauwerks – von dem Architekten Miklós Ybl entworfen. Im Gebäude befinden sich einige kleine

Geschäfte, so dass der Innenhof tagsüber leicht zu erreichen ist (entweder über die Múzeum körút oder die Magyar utca). Das Haus ist nicht nur ein schönes Beispiel für die Architektur der Romantik, sondern bietet auch ein fantastisches kleines Detail: Hier findet sich eines der letzten Beispiele für hölzernen Straßenbelag in Budapest. Im Vergleich zu traditionellem Steinpflaster bevorzugte die Elite der Stadt Holzpflaster, da Pferde und Kutschen darauf weniger Lärm machten. Das gesamte Anwesen und die Torwege waren mit Holzklötzen gepflastert. Nur der Innenhof wurde in den 1960er-Jahren neu mit Steinpflaster ausgelegt. Darüber hinaus beeindruckt das Gebäude durch seine reiche Dekoration, die byzantinische, gotische, arabeske und Renaissance-Elemente aufweist. Im ersten Stock befinden sich sieben Balkone, die von Greifen gestützt werden.

Der Reichtum der Familie Unger beruhte auf dem Handel mit Schmiedearbeiten und Eisenwaren, die auf dem Anwesen in einer Werkstatt angefertigt wurden. Als das Familienoberhaupt im Jahr 1847 starb, erbten die vier Kinder die Werkstatt, die vereinbarten, das Erbe ausschließlich einem Sohn – Henrik – zu hinterlassen. Henrik gab das Familienunternehmen jedoch auf und verdiente seinen Lebensunterhalt mit Immobilien. Mitte der 1870er-Jahre war er der fünftgrößte Steuerzahler der Stadt.

Weitere Holzpflasterungen in Budapest

Im Jahr 1871 wurden der Clark Ádám tér und die Kettenbrücke mit Holzklötzen gepflastert, obwohl sich bald herausstellte, dass die feuchte Umgebung dem Holz schadete. Als die Andrássy út im Jahr 1876 eröffnet wurde, war die Straße mit Klötzen aus Kiefernholz gepflastert. 1884 wurden die Originalpflaster durch neue, imprägnierte Holzklötze ersetzt; die letzten Reste des Holzpflasters wurden im Jahr 1960 entfernt.

Auch die József Attila utca und die Margaretenbrücke waren ursprünglich mit Holzklötzen gepflastert. Heute gibt es in Budapest nur noch wenige Orte mit originalem Holzpflaster, dazu gehören das Óbuda-Museum im Zichy-Palast, der Innenhof der Petőfi Sándor utca 3/Városház utca 4, das Petőfi-Museum für Literatur, die Wohnhäuser in der Erkel utca 15 und der Tárnok utca 13 sowie der Batthány-Palast am Dísz tér 3.

DIE UHR AUF DEM CAMPUS DER ELTE-UNIVERSITÄT

24

Eine supergenaue Uhr, die von einer anderen Uhr im Gebäude über einen elektromagnetischen Kontakt gesteuert wird

1088 Budapest, 4 Múzeum körút
Metro: Linie M2 – Station Astoria

Seit 1888 steht auf dem Campus der ELTE-Universität eine Uhr, die als die zuverlässigste der Stadt gilt. Die erste Uhr, die einst hier stand, wurde von Alajos Schuller in Auftrag gegeben und in Wien hergestellt. Sie wurde 1913 durch eine Präzisionsstanduhr ersetzt, die von Viktor Hoser, einem Uhrenmacher aus der Apród utca, angefertigt worden war. Die Familie Hoser hatte eine lange Tradition in der Uhrenproduktion: János Mihály, einer ihrer Vorfahren, belieferte während der Regierungszeit von Maria Theresia den Wiener Hof. Viktor Hoser belieferte u.a. das Svábhegyi-Observatorium mit Präzisionsmechanismen.

Die Uhr, die in der Straße Múzeum körút steht, wird von einer anderen Uhr im Inneren des Gebäudes über einen elektromagnetischen Kontakt gesteuert. Diese Kontrolluhr wurde alle zwei oder drei Wochen anhand aktueller astronomischer Zeitdaten (die vom Institut für Kosmografie bestimmt wurden) neu gestellt. Über das Telefonnetz lieferte das Institut auch dem Parlament, der Staatsbahn, den Ministerien und vielen anderen Institutionen die genaue Zeit. Dank dieser astronomischen Kontrolldaten konnte die mitteleuropäische Zeit mit einer Genauigkeit von 0,1 Sekunden angezeigt werden. Als die Funkübertragung aufkam, präzisierte sich die Genauigkeit auf 0,01 Sekunden.

IN DER UMGEBUNG

Kaiser-Franz-Joseph-Ministatue (25)

Diese Skulptur steht in der Nähe des Fővám tér auf der Brüstung der grünen Szabadság hid (deutsch: „Freiheitsbrücke"). Die Brücke war einst nach dem berühmtesten Vertreter der Österreichisch-Ungarischen Monarchie benannt. Er wird in einer Hängematte liegend dargestellt. Als die Brücke mehrere Wochen lang für den Verkehr gesperrt war, kamen viele Universitätsstudenten hierher, um in Hängematten zu relaxen.

DIE GEDENKTAFEL FÜR DIE GROSSE FLUT VON 1838

(26)

Eine Erinnerung an die Verwüstung

1 Bródy Sándor utca, Ecke Bródy Sándor utca und Múzeum körút
Metro: Linien M3, M4 – Station Kálvin tér

Wenn man in der Bródy Sándor utca am Garten des Ungarischen Nationalmuseums vorbeigeht, sieht man auf dem grünen Metallzaun eine rote Marmorplatte, auf der eine Hand abgebildet ist, die auf eine Linie zeigt. Dies war der höchste Wasserstand am 15. März 1838. Der untere Teil der Donau war noch zugefroren, aber im oberen Verlauf des Flusses hatte bereits die Schmelze begonnen, wodurch Treibeis entstand. Die großen Eisbrocken riefen Blockierungen hervor und führten zu einem Anstieg des Wasserpegels. Am 13. März brach das Wasser schließlich durch die Dämme im Norden von Pest und überflutete das Gebiet, das heute als Nagykörút bekannt ist. In den frühen Morgenstunden des nächsten Tages bildete sich oberhalb der Insel Csepel erneut ein Rückstau, der Wasserpegel in Pest stieg nochmals an und weitere Dämme wurden von der vereisten Donau durchbrochen. Der höchste Wasserpegel in der Stadt wurde am 15. März gemessen: Er erreichte einen Höchststand von neun bis zehn Metern. Große Teile der Stadt wurden verwüstet. Graf Miklós Wesselényi wurde während dieses Hochwassers

zum Helden. Er versammelte Leute um sich und nutzte Boote, um Leben zu retten, als Gebäude einstürzten. An einer Seite der Kirche auf dem Ferenciek tere erinnert eine Gedenktafel an seine Tapferkeit. Nur wenige Gebiete blieben trocken: der Deák tér, der Nyugati tér, der Kossuth tér und der Ferenciek tere. Auch die kleine Kapelle am Ende der Kőmíves utca blieb von der Verwüstung verschont. Sie befand sich ungefähr am Ende der heutigen Andrássy út und war damit der perfekte Ort für den Bau der neuen Basilika. Als das Hochwasser vorbei war, kamen zwei verschiedene Ideen auf: die überschwemmten Gebiete aufzuschütten oder die Donau mit neuen Dämmen zu regulieren. Im Jahr 1870 setzte sich die erste Idee durch, und an vielen Hauswänden wurden die Wasserstände vermerkt.

Weitere Erinnerungen an die Flut von 1838

Überall in der Stadt erinnern Dutzende von Gedenktafeln an das Hochwasser von 1838, das das verheerendste in der Geschichte Budapests war. Hier ein paar Beispiele:

Rákóczi út 27: Die Rókus-Kapelle steht näher an der Straße als die Nachbargebäude. Das Eingangstor liegt einige Stufen tiefer als der Asphalt – in Erinnerung an die Straßenhöhe, die früher niedriger war.

Szerb utca 23: Diese Steintafel wurde 1938 anlässlich des 100. Jahrestages der Flut aufgestellt und zeigt eine Karte des überfluteten Gebiets. Es handelt sich um eine Nachbildung, da die originale Steintafel dem Geschichtsmuseum Budapest gehört.

Döbrentei utca 15: Diese Tafel enthält einen Text in ungarischer und serbischer Sprache, da in dieser Gegend einst eine große serbische Gemeinde lebte. Eine weitere Tafel an dem alten Haus erinnert an das Hochwasser von 1775.

Szerb utca 4: Die Tafel ist in serbischer Sprache verfasst, da sie sich an der Wand einer serbisch-orthodoxen Kirche befindet. Die Wassermarke liegt dort 270 cm über dem aktuellen Bodenniveau. (Beachten Sie: Das Datum auf der Tafel ist richtig, denn nach dem orthodoxen Kalender entspricht der 3. März dem 15. März.)

Salétrom utca 5: Dieses Schild wurde in deutscher Sprache verfasst und befindet sich an dem Tor, das zur evangelischen Kirche führt (die deutsche Sprache war zu jener Zeit in Ungarn weit verbreitet).

Apáczay Csere János utca 7: Diese rote Marmortafel ist ebenfalls in deutscher Sprache verfasst.

Horváth Mihály tér: Die Steinplatte befindet sich über dem Weihwasserbecken. Die horizontale Linie liegt 156 cm über dem Bodenniveau.

Rákóczi út 41: Dies ist die wohl jüngste Gedenktafel. Sie wurde im Jahr 1988 anlässlich des 150. Jahrestages des Hochwassers von der Wasserdirektion Zentrales Donautal aufgestellt.

ANDRÁSSY-UNIVERSITÄT (PALAIS FESTETICS)

27

Ballsäle und Salons im „Nobelviertel"

1088 Budapest, 3 Pollack Mihály tér
festeticspalota.hu
Nur während der Tage des Kulturerbes im September und für Privatveranstaltungen geöffnet
Metro: Linien M3, M4 – Station Kálvin tér

Das Palais Festetics ist nur während der Tage des Kulturerbes am dritten Septemberwochenende zugänglich – oder für Leute, die das Glück haben, zu einer Privatveranstaltung eingeladen zu werden. Das Palais Festetics ist vor allem wegen seines neoklassizistischen Treppenhauses und der vier prachtvollen Ballsäle, die im Stil der italienischen Renaissance erbaut wurden, einen Besuch wert. Es wurde von György Festetics in Auftrag gegeben und von Miklos Ybl, dem Architekten des Schlossgartens und des Opernhauses, entworfen. Der Bau des Palais begann im Jahr 1745 und dauerte über ein Jahrhundert.

Der Spiegelsaal zeichnet sich, wie sein Name schon sagt, durch große Spiegel an den Wänden aus, deren Wirkung durch den Ahorn- und Eichenparkettboden noch verstärkt wird. Der Kronleuchter in der Mitte des Saals ist das einzige Originalstück, die restlichen Möbel sind Repliken desselben Herstellers. Im ebenso treffend benannten Marmorsaal, der als Salon für den Empfang von Gästen diente, verwendete Ybl eine Deckenfensterkonstruktion, die den Raum mit Sonnenlicht durchflutet.

Der Andrássy-Saal diente als Musiksalon, während die Familie Festetics im Palais wohnte, wie die Motive der kleineren Gemälde an den Wänden zeigen. Der Festetics-Saal ist der einstige Speisesaal. Während der Revolution von 1956 wurde er am stärksten beschädigt und wird heute – wie auch die anderen Säle – als Veranstaltungsraum genutzt. (Ursprünglich gab es einen direkten Zugang zum Kellergeschoss, wo sich die Küche und die angrenzenden Räume befanden.)

Das gesamte Gebäude wurde 1933 verstaatlicht und beherbergte in den folgenden Jahrzehnten verschiedene Institutionen. Im Jahr 1989 fanden hier die Verhandlungen zwischen den neuen Parteien und den alten sozialistischen Führern statt, die zu den ersten freien Wahlen und dem Wechsel des politischen Regimes führten. Anfang der 2000er-Jahre wurde der Palast restauriert und beherbergt seit 2003 die neu gegründete Andrássy Gyula Deutschsprachige Universität Budapest.

DAS SCHORNSTEINFEGERHAUS

(28)

Eine alte Statue zu Ehren eines alten Berufs

1088 Budapest, 15 Bródy Sándor utca
Metro Linie M4 – Station Rákóczi tér

An der Fassade des Hauses in der Bródy Sándor utca 15 steht in Höhe des ersten Stockwerks eine skurrile, aber schöne Statue: Sie zeigt einen Mann, der im rechten Arm eine Leiter und in der linken Hand eine Art Bürste hält. Seine schwarze Uniform, die ihn von Kopf bis Fuß einhüllt, zeigt, dass er ein Schornsteinfeger ist. Das Gebäude gehörte einst dem Italiener Mihály Devecis (Del Vecchio), der ein Schornsteinfeger-Unternehmen leitete und Károly Hild in den Jahren 1851 bis 1855 damit beauftragte, das Bauwerk im klassizistischen Stil zu erbauen, nachdem 1847 das nahegelegene Nationalmuseum eröffnet worden war. Die Statue wurde um 1855 zu Werbezwecken aufgestellt und im Jahr 2023 renoviert.

DER KÁROLYI-CSEKONICS-PALAST

(29)

Draculas Treppe

1088 Budapest, 17 Múzeum utca
portal.kre.hu
Nur für Veranstaltungen geöffnet
Metro: Linien M3, M4 – Station Kálvin tér

Der Palast in der Múzeum utca 17 wurde von dem berühmten Architekturbüro Fellner und Helmer entworfen. Er ist im neobarocken Stil erbaut und besticht durch seinen prachtvollen Hauptsaal, der über Holzschnitzereien und eine spektakuläre Holztreppe verfügt. Der Palast wurde 1881 im Auftrag von Margit Csekonics, der Ehefrau von István Károlyi (einem Mitglied der wohlhabenden Familie Károlyi), errichtet, er kann heute im Rahmen von Veranstaltungen oder nach höflichem Nachfragen besichtigt werden. Er war das Zentrum der aristokratischen Gesellschaft, in dem extravagante Bälle und gesellschaftliche Events stattfanden; 1890 wurde das Gebäude erweitert und um ein neues Stockwerk und die Treppe ergänzt, die das Schmuckstück des Palastes ist. Die in der Werkstatt von Endre Thék geschnitzte Eichentreppe führt in den ersten Stock und zum Ballsaal, in den 300 Gäste passen. Oben ist das Greifenwappen der Familie Károlyi zu sehen; die Geländer sind mit Blumenmotiven und Tierfiguren verziert.

Nach dem Tod von István Károlyi beherbergte das Gebäude zunächst die französische, dann die schwedische Botschaft, danach die Handelsgesellschaft Baross und das Lenin-Institut. Im Jahr 1955 zog die Technische Nationalbibliothek ein, und auf der Seite der Reviczky utca wurden zwei weitere Stockwerke hinzugefügt. Dieser neue Teil des Gebäudes wurde später vom Studenteninformationszentrum Farkas Kempelen genutzt, bevor er vom Justizministerium übernommen wurde. Nach einer Renovierung im Jahr 2021 residiert nun die Universität Károli Gáspár in dem Palast. Obwohl er nicht sehr groß ist, vermittelt sein reiches Dekor den Eindruck eines echten Adelshauses. Die Fenster im Erdgeschoss sind schlichter gehalten, während die Fenster im ersten Stock reiche Verzierungen aufweisen. Die kleinen Balkone im ersten Stock sind an den Brüstungen mit barocken Muscheldekorationen ausgestattet. Die symmetrische Fassade auf der Seite der Múzeum utca ist mit Barockelementen verziert. Die Reviczky-Seite ist schlichter: Sie diente ursprünglich als Tor für Pferdekutschen und beherbergte die Zimmer des Personals und andere Diensträume.

Der Palast diente 2003 als Kulisse für den Vampirfilm *Underworld* und war 2007 Drehort des Films *Eichmann*.

DAS TREPPENHAUS DES PALAIS WENCKHEIM

30

Elfen im Treppenhaus und eine wunderschöne Innenausstattung

Stadtbibliothek – 1088 Budapest, 1 Szabó Ervin tér
+36 (1) 411-5019 – csoportvezetes@fszek.hu
Führungen für Gruppen von 10–20 Personen (bitte im Voraus telefonisch oder per E-Mail anmelden) / Einzelbesucher erhalten ein Besucherticket
Mo–Fr 10–20 Uhr, Sa 10–16 Uhr (Juli geschlossen)
Das Treppenhaus kann nur an den Tagen der offenen Tür besichtigt besichtigt werden (die Daten finden Sie unter fszek.hu)
Metro: Linien M3, M4 – Station Kálvin tér

Das schöne Palais Wenckheim, das die Ervin-Szabó-Stadtbibliothek beherbergt, ist sehr beliebt bei BesucherInnen, doch das große Treppenhaus und die angrenzenden Räume des Palastes bleiben den meisten Gästen verborgen, denn sie sind nicht öffentlich zugänglich und können nur an Tagen der offenen Tür besichtigt werden.

Im großen Treppenhaus führt eine wunderschöne Marmortreppe von der Eingangshalle in das Zwischengeschoss; sie wird von vier kunstvoll geschnitzten Säulen getragen und von einer prachtvollen Gewölbedecke gekrönt.

Der untere Teil der Treppe ist mit kunstvollen Kronleuchtern und Marmorputten geschmückt, während die Hauptsäulen von vier Elfen gestützt werden. Ein großes Deckenfenster über der Treppe lässt natürliches Licht in den Raum, das die Rokoko-Dekorationen wunderschön zur Geltung bringt. Vom Treppenabsatz verlaufen zwei Treppenläufe bogenförmig nach oben und treffen am Balkonpodest wieder zusammen. An der Spitze der reich verzierten Außenfassade – die die prachtvolle Innenausstattung des Palastes gebührend widerspiegelt – befinden sich das Wenckheimer Wappen und eine neunzackige Krone.

Graf Frigyes Wenckheim (1842–1912) war ein bekannter Adelsmann und Mitglied des Parlaments. Ende der 1880er-Jahre wurde Arthur Meinig mit dem Bau des Palastes betraut. Das Bauwerk beinhaltet Architekturelemente der Neorenaissance und des Barock. Nach dem Tod des Grafen wechselte das Palais mehrmals den Besitzer und die Funktion, bis es im Auftrag der Stadtbibliothek von der Stadtverwaltung erworben wurde. Die Bibliothek wurde im Jahr 1931 eröffnet und 1946 nach dem Sozialwissenschaftler und Bibliothekar Ervin Szabó benannt.

Die anderen historischen Räume des Schlosses können mit einer Besucherkarte besichtigt werden: Sie gewährt den Zutritt zur Stadtbibliothek, bietet aber nicht die Möglichkeit, Bücher auszuleihen und Dokumente aus den Lagerräumen anzufordern. Die eindrucksvollsten Säle befinden sich im Palastgebäude, das sich oberhalb des Treppenhauses erstreckt: der alte Salon mit Boudoirs auf beiden Seiten (einem silbernen und einem goldenen Boudoir), der kleine Ballsaal und der große Ballsaal, zwischen denen sich eine Galerie für das Orchester befindet, der Speisesaal und der mit dunklem Holz verkleidete Rauchersalon.

DIE MOSAIKEN IN DER METROSTATION KÁLVIN TÉR DER LINIE M4

(31)

Kodálys Untergrundmusik

1091 Budapest, Kálvin tér – Metro: Linien M3, M4 – Kálvin tér

Das Erste, was einem bei der Ankunft in der Metróstation Kálvin tér auffällt, sind die Mosaiken aus bunten Fliesen an den Wänden. Diese Mosaiken fallen vielen Menschen auf, die die Station betreten, aber nur wenige wissen, worum es sich dabei handelt: Vom oberen Ende der Rolltreppen aus betrachtet sehen sie eindeutig aus wie Musiknoten. Das Muster wurde von Katalin Fábry entworfen, und die Noten stammen aus dem *Psalmus Hungaricus*, einem Werk des ungarischen Komponisten Zoldán Kodály, nach dem die Kodály-Methode benannt wurde (*do-re-mi* … etc. – von Kodály als Teil seines pädagogischen Konzepts zur Musikerziehung verwendet). Die auf den Fliesen dargestellte Musik

wurde 1923 zum 50. Jahrestag der Vereinigung Budas, Óbudas und Pests zu Budapest komponiert.

Ein raffinierter Hinweis auf die protestantische Kirche auf dem Platz über der Metrostation

Da die Mosaiken einen Psalm darstellen, ist die Partitur auch ein geschickter Verweis auf die evangelische Kirche, die auf dem Platz über der Metrostation steht. Die Noten stammen aus dem Teil des Werks, der die Zeile enthält: „A szegényeket felmagasztalod, a kevélyeket aláhajigálod", was so viel bedeutet wie: „Du erhebst die Armen, du stürzt die Hochmütigen" – vielleicht das perfekte Zitat, um die Rolltreppen und Aufzüge einer Metrostation zu zieren.

An der Kreuzung der Rolltreppen stellt das Muster des Mosaiks einen Teil von Kodálys Handschrift dar. Außerdem sind irgendwo an den Wänden ein paar Space Invaders versteckt.

DIE ÜBERRESTE DER ALTEN STADTMAUER

(32)

Größtenteils abgerissen oder in Häuser integriert

Entlang der inneren Ringstraße Kiskörút
(Anbieter von Führungen finden Sie auf Seite 5)
Tram: Linien 47, 49 – Deák tér bis Fővám tér

So wie viele andere Städte war auch Pest im Spätmittelalter von einer Mauer umschlossen. Nach einer Invasion der Mongolen im Jahr 1241, der die Stadt zum Opfer fiel, ist von dieser Originalmauer heute nichts mehr übrig. Die Stadt erholte sich nur langsam, aber während der Herrschaft von König Matthias (1458–1490) wurde eine neue Stadtmauer errichtet. Sie vergrößerte das ursprünglich neun Hektar große Pest auf eine Größe von 22 Hektar. Die Mauer bestand aus Kalkstein, war mit Kasematten und Zinnen ausgestattet und wurde im 16. Jahrhundert mit Rondellen verstärkt. Die etwa zwei Meter dicke und 8,5 Meter hohe Mauer folgte der Donau, bevor sie einen Bogen rund um die Stadt schloss. Dieser Bogen verlief entlang der inneren Ringstraße Kiskörút.

Der Zugang zur Stadt erfolgte über befestigte Stadttore: Das Váci-Tor befand sich am nördlichen Ende der Váci utca, nahe dem Vörösmarty tér, das Hatvani-Tor (am heutigen *Astoria*) und das Kecskeméti-Tor lagen am heutigen Kálvin tér. Ende des 17. Jahrhunderts wurde am südlichen Ende

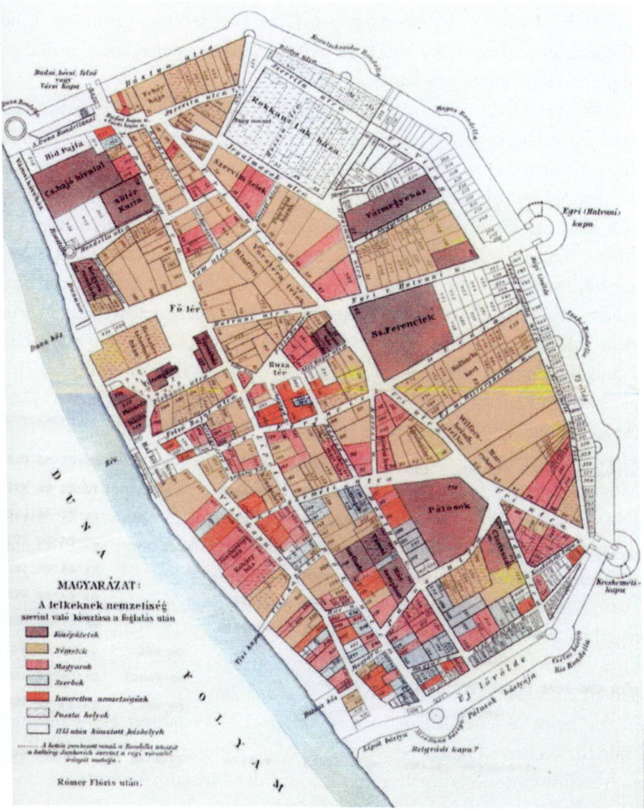

der Mauer ein weiteres Tor errichtet: die Porta Nova („Neues Tor").

Als die Mauer ihre militärische Bedeutung verlor, begann sie das Wachstum der Stadt zu behindern. Ende des 18. Jahrhunderts wurden Mauer und Tore abgerissen: 1783 wurde die Mauer an der heutigen Királyi Pál utca durchbrochen, 1794 erfolgte der Abriss des Kecskeméti-Tors, und 1808 der Abriss des Hatvani-Tors.

Die restlichen Abschnitte wurden als Mauern für neue Häuser genutzt, wodurch die heutige Ringstraße von Kiskörút entstand. Das Große Nördliche Rondell (Északi nagy rondella) stand am heutigen Vigadó tér. Es wurde 1789 abgerissen; die Steine wurden von dem Gerber János Kemnitzer gekauft, der auf dem Grundstück, auf dem zuvor der Turm stand, ein Haus baute.

Vom alten Váci-Tor sind keine Überreste mehr zu sehen. Auf der Straßendecke vor den Häusern in der Váci utca 1 und 3 sind jedoch noch Mauerreste zu erkennen, die heute unter der Erde liegen. Die Mauer, die von dort bis zur Donau führte, ist verschwunden, aber 1985 wurden bei archäologischen Untersuchungen Überreste des Tors gefunden. Eine Gedenktafel an der Ecke Váci utca/Türr István utca weist darauf hin, dass das Tor 1789 abgerissen wurde.

Weitere Überreste sind auf der Rückseite des leeren Grundstücks in der Semmelweis utca 21 (zwischen der Károly körút 24 und der Semmelweis utca 21) zu sehen. Untersuchungen ergaben, dass die Mauer auf beiden Seiten von Gräben geschützt war. Im 15. Jahrhundert wurde hier das Hatvani-Tor errichtet. Hundert Jahre später fügte man ein Rondell hinzu, das einen Durchmesser von etwa 40 Metern hatte und mit einer Holzkonstruktion für Kanonen versehen war. Das Tor war zudem mit einem eisernen Fallgatter, einer Zugbrücke und Wachen ausgestattet. Seit dem Ende des 18. Jahrhunderts war das Tor jedoch allenfalls noch ein Nadelöhr für den stetig zunehmenden Verkehr, so dass das Rondell abgerissen und auf beiden Seiten der Mauer Häuser errichtet wurden. Der (letzte verbliebene) Turm wurde 1808 abgerissen, weil er die Sicht von der Hatvani utca versperrte und der enge Durchgang bei Jahrmärkten und Messen zu Staus führte. 150 Jahre später, im Jahr 1963, wurden beim Bau der Metrolinie M2 die Überreste des Turms gefunden. Bei den Bauarbeiten wurde leider auch ein Großteil der verbliebenen Stadtmauer zerstört. In der Unterführung befindet sich eine Steintafel, die an den Turm erinnert (man beachte das Graffiti auf der Tafel, das einige im Mauergraben schwimmende Figuren zeigt – es ist mehrere Jahrzehnte alt). Eine weitere Steintafel mit einer exakten Darstellung des Turms befindet sich an einer Mauer in der Kossuth Lajos utca 20.

Als beim Wiederaufbau in den späten 1940er-Jahren gemeinsame Höfe für mehrere Häuser geschaffen wurden, legte man einige verbliebene Abschnitte der Stadtmauer frei. Im Hof der Múzeum körút 9–11 befindet sich ein Mauerstück mit zwei Zinnen, das in den 1940er-Jahren restauriert wurde. Die gegenüberliegende Seite dieses Mauerabschnitts ist im Innenhof der Magyar utca 12 zu sehen.

An der Ecke der Ferenczy István utca ist ein kurzer Mauerabschnitt zu sehen. Wahrscheinlich stand hier ein kleinerer Turm. In der Múzeum körút 27–29 fanden Archäologen die Überreste eines weiteren Turms. Vom Treppenhaus des Hauses kann man durch das Fenster im ersten Stock einen Teil der Mauer sehen. Man sieht die Mauer auch durch die Glasscheiben der Haupttore in der Múzeum körút 15 und 29; auch durch ein kleines Loch im Haupttor der Múzeum körút 21 ist ein Mauerstück zu erkennen. Die modernen Gebäude in der Múzeum körút 23–25 und 31–33 haben verlängerte Hinterhöfe, in denen man ebenfalls längere Mauerabschnitte sieht. Im Jahr 1975 wurden beim Bau der Metrolinie

M3 die Überreste des Kecskeméti-Tors entdeckt. Der Turm, der hier einst stand, war etwa 6,3 x 6,3 Meter groß, seine Wanddicke variierte zwischen 1,8 und 2,7 Metern; der Turm war von Grundriss und Form her wahrscheinlich identisch mit den anderen Toren. Reste des Rondells wurden nicht gefunden. Das Tor stand bis zum 30. April 1794 an dieser Stelle und war nach dem Váci-Tor das zweite, das abgerissen wurde.

Auf dem Platz gibt es zwei Hinweise auf das alte Tor: Zwischen den beiden Gebäuden des *Hotels Mercure Korona* befindet sich ein rekonstruiertes Mauerstück mit der Nachbildung eines gotischen Grabsteins aus Szakolca, der aus dem Jahr 1535 datiert. In der Unterführung steht eine rote Marmorskulptur von Gyula Illés, die in Gedenken an das Kecskeméti-Tor errichtet und 1983 hier aufgestellt wurde: Die Öffnung in der Mitte der Statue symbolisiert ein Tor zur Vergangenheit. Neben der Öffnung sitzt die Katze des Künstlers (Maci) – angeblich soll es Glück bringen, sie zu streicheln.

Der letzte Abschnitt der Ringstraße ist die Vámház körút. Auf einem Parkplatz an der Ecke zur Bástya utca (Nr. 1–11) befindet sich der längste sichtbare Abschnitt der Mauer. Die Häuser, die hier einst standen, wurden in den 1970er-Jahren abgerissen, wobei die Überreste zum Vorschein kamen. Ein weiteres Stück der Mauer trennt die Bástya utca 17–19 von der Királyi Pál utca 13/b. In der nahegelegenen Királyi Pál utca 13/b ist eine kleine Ausstellung über die Stadtmauer zu sehen. Wer sie besuchen will, muss sich den Schlüssel auf der gegenüberliegenden Straßenseite im Büro von Imagine Budapest (Királyi Pál utca 18) abholen. Ein schlichtes Besucherzentrum zeigt den ersten Abschnitt der Mauer, der (in den 1940er-Jahren) freigelegt, restauriert und öffentlich ausgestellt wurde. Die Ausstellung ist während der Bürozeiten geöffnet – weitere Informationen findet man auf der Website imaginebp.hu.

Am südlichen Ende der Váci utca weisen eine Metalltafel und dunkle Steine in der Straßendecke auf den Ort hin, an dem der alte Stadtturm und das alte Stadttor gestanden haben könnten. Betrachtet man den Kupferstich von Hallart-Wening aus dem Jahr 1684, stand hier einst ein halbrundes Rondell. In einem Dokument von 1787 setzten sich die Kaufleute der Stadt für den Abriss des Turms ein, da das Tor für den dichten Verkehr zu schmal war. Zunächst wurde ein Durchgang (das Porta-Nova-Tor) in den Turm geschnitten; im Jahr 1796 wurde der Turm vollständig abgerissen. Das große Rondell in der Nähe, das unweit der Donau stand, wurde 1787 abgerissen. Ursprünglich wurden drei Rondelle an der Donau errichtet, von denen keines mehr erhalten ist.

DIE BIBLIOTHEK DES ZENTRALSEMINARS

33

Ein Barockmeisterwerk der katholischen Kirche

1053 Budapest, 7 Papnövelde utca
Besichtigung nur im Rahmen einer Führung (Anbieter von Führungen finden Sie auf Seite 5); Im Winter geschlossen
Metro: Linien M3, M4 – Station Kálvin tér

Die wunderschöne Bibliothek des Zentralseminars wurde zwischen 1760 und 1770 von dem Paulinermönch Antal Rutschman, einem Mitglied des Paulinerordens (dem einzigen katholischen Orden, der in Ungarn gegründet wurde), entworfen.

Die Fresken an der Decke des Gebäudes repräsentieren die Idee, dass die Wissenschaft und die Künste Diener der Theologie sind: Die allegorischen Figuren verkörpern jeweils die Philosophie, die Medizin, die Geografie, die Architektur, die Mathematik, die Astronomie, die Literatur, die Poesie und die Musik. An den vier Ecken der Bibliothek sind vier Heilige abgebildet: der heilige Ambrosius mit einem Bienenstock, der heilige Augustus mit einem flammenden Herzen, der heilige Gregorius mit einer Taube (dem Symbol des Heiligen Geistes) und der heilige Hieronymus mit einem Löwen.

Die kleine Kapelle, die zunächst an dieser Stelle entstand, wurde später durch die heutigen Kirchen- und Klostergebäude ersetzt, die wahrscheinlich zwischen 1725 und 1742 gebaut wurden. (Bis zum Abriss der Kapelle im Jahr 1720 befand sich hier eine Moschee.) Aufgrund langwieriger Arbeiten an der Innenarchitektur wurde die Barockkirche erst im Jahr 1776 eingeweiht. Die ursprüngliche Barockfassade des Gebäudes wurde später im Stil der Neorenaissance renoviert. An einer Seitenwand des Hauptaltars befindet sich ein großer Riss – ein bedauerlicher Schaden, der durch den Bau der Metrolinie M3 entstand.

Nach der Abolitio von 1780 (einer von Joseph II. erlassenen Verordnung zur Auflösung aller religiösen Orden, die nicht der Heilung oder Erziehung gewidmet waren) wurden die Bücher der Bibliothek in die Universitätsbibliothek überführt. Das Klostergebäude wurde zum Sitz verschiedener staatlicher Ämter – der Saal diente zeitweise sogar als Kasino. 1803 brachte Graf Ferenc Széchenyi seine eigene Bibliothek aus Nagycenk nach Budapest und gründete die heutige Széchenyi-Nationalbibliothek legte. Auch das Eigentum am Bibliothekssaal ging

nach der Abolitio von der Kirche auf den Staat über. Man erstellte Pläne, um die Wandmalereien entsprechend zu ändern. Um die Gemälde vor der Zerstörung zu bewahren, versuchte der Künstler im Jahr 1803, die Deckenrenovierung zu sabotieren, indem er Pappstücke an die Decke nagelte, die mit Bildern bemalt waren, die sich auf den ungarischen Staat bezogen. Die Pappen sind inzwischen verloren gegangen.

Die heutige Büchersammlung umfasst Manuskripte aus 163 (!) Klöstern – Texte, die überwiegend aus dem 16., 17. und 18. Jahrhundert stammen. 15 Bände stammen aus der Zeit vor dem Jahr 1500. Von der Originalsammlung sind nur noch fünf Bücher übrig.

Eine optische Täuschung

Eine große dunkle Holztür empfängt die Besucher im zweiten Stock der Bibliothek. Der Eingang sollte ursprünglich in der Mitte des Bibliothekssaals liegen, aber die Achse befand sich nicht auf gleicher Linie mit dem Korridor. Das Problem wurde mit einer optischen Täuschung gelöst: Nur der rechte Türflügel ist echt, der linke lässt sich nicht öffnen.

DER BACKOFEN EINER HISTORISCHEN BÄCKEREI

(34)

Erinnerung an eine alte Bäckerei im Keller eines Stadthauses aus dem 18. Jahrhundert

1056 Budapest, 2 Papnövelde utca
papnovelde2.hu
Zugänglich an den Europäischen Tagen des Denkmals im September oder nach Voranmeldung: attila.jeney@gmail.com
Metro: Linie M3 – Station Ferenciek tere

In einem klassizistischen Haus in der 2 Papnövelde utca kann man an den Europäischen Tagen des Denkmals im September (oder nach Voranmeldung) eine vergessene alte Bäckerei und ihren Backofen besichtigen. Sie befand sich einst im labyrinthischen Keller des Gebäudes, der noch aus der Barockzeit stammt.

Das Haus entstand, als im Jahr 1841 zwei Gebäude zusammengelegt wurden – sie waren von dem Architekten József Hild, einem Meister der ungarischen klassischen Architektur, errichtet worden und hatten die große Flut von 1838 überstanden (s. S. 106). Alten Dokumenten zufolge war der Eigentümer des ursprünglichen Hauses Károly Ráth (Carl Rath) ge-wesen, ein früherer Bürgermeister der Stadt. Weitere Nachforschungen ergaben jedoch, dass es auch einen gleichnamigen Bäckermeister gegeben hatte, weshalb das Schild am Eingangstor eine Korrektur enthält.

Die Kellergewölbe des Hauses sind ziemlich verwinkelt, aber die Suche lohnt sich. Im letzten Raum befindet sich der gemauerte Backofen. Seltsamerweise gibt es keinen Schornstein: Vielleicht wurde er 1841 bei der Zusammenlegung der Gebäude entfernt? Über die frühere Nutzung des Backofens ist wenig bekannt. Die Ziegel weisen keine Rauchspuren auf, und nur die Größe des Ofens deutet darauf hin, dass sich hier einst eine Bäckerei befand: Die Produktionskapazität war für den kommerziellen Verkauf ausgelegt.

Eine Legende besagt, dass nach der Überschwemmung von 1838 viele Brötchen an der Decke hängen blieben, nachdem sie von den Wassermassen nach oben geschwemmt worden waren.

Die Apotheke Arany Oroszlán („Goldener Löwe"), die im Jahr 1794 nahe dem Kecskeméti-Tor – am heutigen Kálvin tér – eröffnet wurde, zog 1810 in das Erdgeschoss dieses Gebäudes. Die Originaleinrichtung der Apotheke, die aus den 1830er-Jahren stammt, ist noch heute im Kiscelli-Museum zu sehen. Sie wurde Anfang der 1950er-Jahre gerettet, nachdem das kommunistische Regime die Apotheke 1951 verstaatlicht hatte. Die Räumlichkeiten der Apotheke wurden jahrzehntelang als Fußgängerweg genutzt, da die Straße erweitert wurde. Heute steht das Geschäft leer und wartet darauf, dass ein neues Kapitel beginnt.

DAS ELEFANTENRELIEF

35

Was macht ein exotisches Tier im Stadtzentrum?

1056 Budapest, 3 Duna utca
Bus: Linien 5, 8E, 108E, 110, 112, 133E, 178

In der Duna utca 3 – direkt neben der Elisabethbrücke (Erzsébet híd) – befindet sich ein Eckhaus, das mit einem ungewöhnlichen Elefantenrelief geschmückt ist. Wer an der Fassade nach oben schaut, wird es sofort entdecken. Das Haus wurde im Jahr 1899 von dem Gewürzhändler Lajos Takáts aus den Erträgen seines Geschäfts in der Kossuth Lajos utca erbaut und verlor während des Zweiten Weltkriegs sein Dach, das sehr prachtvoll war. Der Elefant bezieht sich auf das Wappen der Familie Takáts, auf dem ein schwarzer Elefant prangte. Ein Großteil der unteren Stockwerke wurde im Jahr 1908 an Vilmos Zsolnay, den Gründer der Zsolnay-Porzellanfabrik, vermietet. Von ihm stammen die drei schönen Keramikreliefs, die sich in Höhe des ersten Stocks an der Fassade befinden: Das Relief an der Ecke zeigt eine Festung mit fünf Türmen, die die Stadt Pécs – den Standort der Fabrik – symbolisiert; das Relief auf der Seite der Váci utca stellt Männer bei der Arbeit an einer Töpferscheibe dar und auf dem Relief, das sich an der Seite der Duna utca befindet, sind Frauen beim Bemalen von Keramik abgebildet.

DIE BIBLIOTHEK DER ELTE-UNIVERSITÄT

(36)

Eine beeindruckende historische Bibliothek

1053 Budapest, 6 Ferenciek tere – Mo–Fr 9–20 Uhr
Gäste können die Bibliothek mit einem kostenlosen Besucherausweis besichtigen; Sie kann auch zur Museumsnacht im Juni, zu den Europäischen Tagen des Denkmals im September oder im Rahmen einer Gruppenführung besichtigt werden; Gruppenführungen müssen im Voraus angemeldet werden unter:
konyvtar.elte.hu/en/university-library/library-visit/library-visit-building-tours
Metro: Linie M3 – Station Ferenciek tere

Studierende kennen den eindrucksvollen Lesesaal der ELTE-Universität natürlich, aber die meisten Besucher haben noch nie von ihm gehört. Dabei lohnt es sich, den 228 Quadratmeter großen prachtvollen Raum zu besichtigen, der dank seines gläsernen Daches in helles Licht getaucht ist. Fresken mit allegorischen Figuren aus der Wissenschaft und Kunst, die von Károly Lotz geschaffen wurden, wachen über die 1,5 Millionen Bücher und sonstigen Dokumente, die in der Bibliothek aufbewahrt werden; darunter befinden sich auch 200 Kodizes und etwa 77.000 Bücher aus dem 16. bis 18. Jahrhundert.

Das Gebäude wurde von den Architekten Henrik Koch jr. und Antal Szkalnitzky errichtet und im Jahr 1876 fertiggestellt. Es war das erste Bauwerk in Budapest, das eigens als Bibliothek erbaut wurde.

Erster und zweiter Stock sind durch einen Säulengang miteinander verbunden, der von einem Tympanon gekrönt wird. Auf dem Tympanon befinden sich zwei Engel, die das Wappen der Universität tragen. Das prachtvolle Erscheinungsbild wird noch durch die Sgraffiti von Mór Than verstärkt, die Figuren aus der Mythologie darstellen.

Die ELTE-Universität (Eötvös Lóránd Tudományegyetem/Eötvös-Loránd-Universität der Wissenschaften) wurde im Jahr 1635 gegründet und ist eine der größten und renommiertesten öffentlichen Hochschuleinrichtungen in Ungarn. Sie hat fünf Nobelpreisträger hervorgebracht. Die Vorgängerin der Eötvös-Loránd-Universität wurde 1635 von Kardinal Péter Pázmány in Nagyszombat/Königreich Ungarn (heute Trnava/Slowakei) als Katholische Universität für Theologie und Philosophie gegründet. Im Jahr 1770 wurde die Universität nach Buda verlegt. Bis 1873 hieß sie Königliche Universität Pest, dann Universität Budapest, bis sie 1921 nach ihrem Gründer Péter Pázmány in Königlich-Ungarische Pázmány-Péter-Universität umbenannt wurde. Die Wissenschaftsfakultät begann ihr autonomes Leben im Jahr 1949, als die Theologische Fakultät von der Universität getrennt wurde (sie heißt heute Katholische Universität Pázmány Péter). Ihren aktuellen Namen erhielt die Universität im Jahr 1950, als sie nach einem ihrer bekanntesten Physiker, Baron Loránd Eötvös, benannt wurde.

Als Sgraffito (aus dem Italienischen, Plural Sgraffiti) bezeichnet man eine Dekorationstechnik, bei der zwei oder drei Schichten Putz – in der Regel in kontrastierenden Farben – auf eine Wand aufgetragen werden. Die obere Schicht wird dann abgekratzt, sodass die kontrastierende Farbe der unteren Schicht zum Vorschein kommt und auf diese Weise das Bild entsteht.

© LaszloGaramvolgyi

DAS RELIEF AM MEZ-GEBÄUDE

(37)

Ein aufwändiges Kunstwerk versteckt in einer Passage

1052 Budapest, 12 Petőfi Sándor utca / 6 Párizsi utca
Metro: Linie M3 – Station Ferenciek tere

Viele Touristen flanieren durch die belebte Einkaufsstraße Váci utca, ohne zu wissen, dass nur zwei Ecken weiter – in einer Passage voller kleiner Geschäfte (von denen viele heute leer stehen) – der sehenswerte Eingang zur Petőfi Sándor utca Nr. 12 liegt. Wenn Sie durch die Glastür schauen, werden Sie feststellen, dass sich an der Wand des Treppenhauses ein großes Steinrelief befindet, dass Weberinnen bei der Arbeit zeigt. Es wurde von Ödön Metky – einem bekannten Bildhauer jener Zeit – geschaffen. Auf dem Relief sind drei Frauen (die das Spinnen, Weben und Sticken symbolisieren) und ein junges Mädchen zu sehen. Das Gebäude an der Ecke Petőfi Sándor utca und Párizsi utca wurde von dem Architekten Gedeon Gerlóczy entworfen und von 1940 bis 1943 erbaut. Der Investor war MEZ, eine deutsche Produktionsfirma für Baumwollgarn mit Sitz in der Stadt Nagyatád in Siebenbürgen (das Unternehmen war zwis-

chenzeitlich in britischem Besitz). Nach seiner Fertigstellung wurde das Haus für seine luxuriöse Ausstattung gelobt, zu der schnelle Fahrstühle, separate Räume zum Waschen, Bügeln und Trocknen, Bäder mit eingebauten Wannen und Badeschränken, ein eigenes Telefonnetz und ein feuersicherer Safe in jeder Wohnung gehörten. Es war der erste Wohnblock in Pest, der über acht Stockwerke verfügte.

Die Rettung der Gemälde von Csontváry

Als Gedeon Gerlóczy auf der Suche nach einem neuen Atelier war, stieß er auf dieses Gebäude, in dem zufällig Verwandte von Tivadar Csontváry-Kosztka wohnten. Sie waren gerade im Begriff, die Leinwände des Malers an Fuhrleute zu verkaufen, die die Bilder als Planen nutzen wollten, um ihre Waren beim Transport vor Regen zu schützen. Innerhalb weniger Tage verkaufte er einige Aktien, die er geerbt hatte, und erwarb die Gemälde. Die Bilder überstanden unversehrt den Zweiten Weltkrieg und hingen jahrzehntelang in Gerlóczys Wohnung. In den 1970er-Jahren wurden sie schließlich verschiedenen Museen und Galerien gestiftet.

GEDENKTAFEL IN ERINNERUNG AN DIE SANIERUNG VON 26.000 DÄCHERN

(38)

Erinnerung an eine schwierige Aufgabe nach dem Zweiten Weltkrieg

1052 Budapest, 12–16 Városház utca
Metro: Linie M3 – Station Ferenciek tere

Die Belagerung von Budapest in den Jahren 1944/45 hatte verheerende Auswirkungen. Nach dem Ende der Kämpfe bestand die erste Aufgabe darin, alle toten Menschen und Tiere zu begraben. Unmittelbar danach mussten Gebäude und Infrastruktur wieder aufgebaut werden, vor allem in den inneren Bezirken der Stadt: Im 1. Bezirk waren von 782 Gebäuden nur vier oder fünf intakt geblieben ...

Bis 1948 wurden in Budapest 26.000 Dächer instandgesetzt. Eine kleine Gedenktafel am Rathaus in der Városház utca erinnert an diese Renovierung. Die Tafel wurde von der berühmten Keramikkünstlerin Margit Kovács geschaffen, deren Werke in einem Museum der Stadt Szentendre zu sehen sind. Die Worte auf der Tafel lauten: „Im Frühjahr 1948, dem Jahr des hundertjährigen Jubiläums, haben die Bürger der Hauptstadt unter der Leitung und mit Unterstützung des Ministers für Bauwesen und öffentliche Bauarbeiten die Sanierung der Dächer von 26.000 im Krieg beschädigten Wohnhäusern abgeschlossen.“ Unter dem Text ist eine Karte von Budapest zu sehen, auf der das Stadtgebiet durch Dachziegel markiert ist. Das Interessante an dieser Karte ist, dass sie die Grenzen einer Stadt zeigt, die kleiner ist als das heutige Budapest: Die Stadt wurde zwei Jahre später durch die Angliederung mehrerer angrenzender Orte vergrößert.

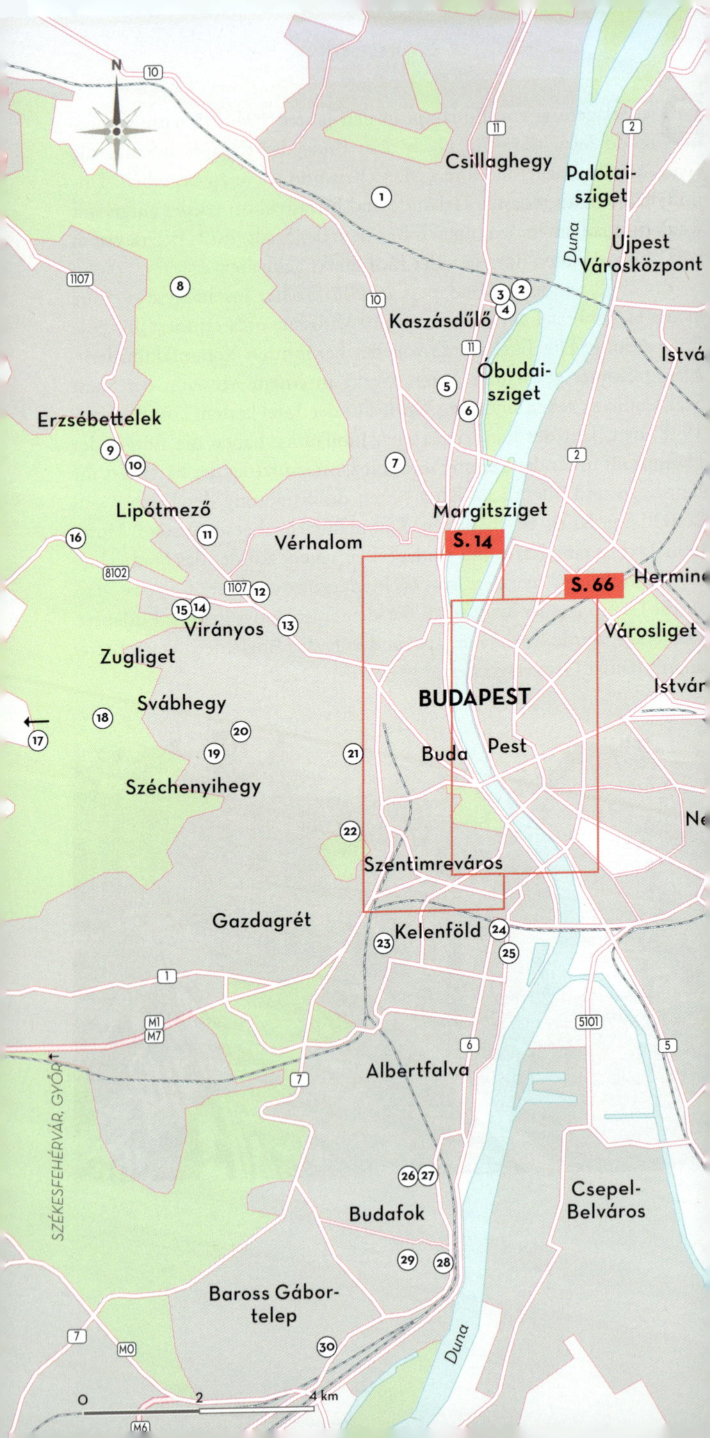

N
10
11
2
Csillaghegy
Palotai-
sziget
1
Duna
Újpest
Városközpont
1107
8
3
2
4
10
Kaszásdűlő
11
Istvá
Óbudai-
sziget
5
6
Erzsébettelek
9
10
7
2
Lipótmező
Margitsziget
16
11
Vérhalom
S. 14
8102
S. 66
Hermin
1107
12
15
14
Virányos
13
Városliget
Zugliget
BUDAPEST
Istvár
Svábhegy
18
17
20
Pest
21
Buda
19
Széchenyihegy
Ne
22
Szentimreváros
Gazdagrét
Kelenföld
24
23
25
1
M1
M7
5101
6
5
SZÉKESFEHÉRVÁR, GYŐR
Albertfalva
7
26
27
Csepel-
Belváros
Budafok
29
28
Baross Gábor-
telep
7
M0
30
Duna
0
2
4 km
M6

Buda

DER KOPPÁNY-TURM

①

Die letzte verbliebene Erinnerung an eine neuheidnische Bewegung

1031 Budapest, Pogánytorony utca
Bus: Linie 218 – Haltestelle Aranyvölgy vasútállomás; MÁV – Bahnhof Aranyvölgy

Ganz am Rand von Budapest steht der halb verfallene Koppány-Turm – ein Andenken an eine außergewöhnliche Bewegung des 20. Jahrhunderts. Der Name der Straße (Pogánytorony utca bedeutet „Heidenturmstraße“) bezieht sich auf diesen Turm, der von einer Gesellschaft errichtet wurde, die anstelle des Christentums die Vorherrschaft des alten ungarischen Glaubens anstrebte. Die Turanische Gesellschaft (Turáni Társaság) wurde im Jahr 1910 von Alajos Paikert mit dem Ziel gegründet, kulturelle und ökonomische Beziehungen mit den Balkanstaaten und Asien aufzubauen. Paikert wurde später Landwirtschaftsminister – zu seinen Anhängern gehörten Persönlichkeiten wie Ármin Vámbéry, Lajos Lóczy und Ferenc Hopp. Als Ungarn im Ersten Weltkrieg engere Beziehungen zur Türkei und zu Bulgarien knüpfte, gewann die Organisation an Stärke, ging aber von der historischen Forschung zu einer ganz neuen Art von Ideologie über. Die Turanische Gesellschaft wollte nun, dass die Ungarn sich vom Christentum abwandten und zum alten ungarischen Glauben zurückkehrten. Sie behauptete, dass jede Rasse ihre eigene angemessene Religion habe, und für Ungarn sei dies das Heidentum. Sie war auch der Ansicht, dass das turanische Volk des Ostens bereits eintausend Jahre vor Moses einen monotheistischen Glauben vertreten habe. Die Turanische Gesellschaft wählte den heidnischen Stammesführer Koppány zu ihrem Gott und Herrscher, und um dies zu unterstreichen, ließ Farkas Szász in Aranyhegy einen Turm errichten, in dem heidnische Rituale abgehalten werden sollten, was in den christlichen Kirchen Ungarns zu großem Unmut führte.

Der Turm wurde 1933 von dem Architekten Géza Tauber entworfen und im folgenden Jahr erbaut. Als er am 7. Juli 1935 „eingeweiht“ wurde, kam es zu gewalttätigen Auseinandersetzungen mit der Polizei. Im Jahr 1939 wurden fünf Weißbirken aus der Stadt Törökkoppány um den Turm herum gepflanzt. Im Koppány-Turm wurden Versammlungen und Rituale abgehalten, bis die Bewegung im Jahr 1942 aufgelöst wurde, denn die Mitglieder der Gesellschaft galten als kirchenfeindlich und unseriös und wurden deshalb in Arbeitslager geschickt. In den späten 1940er-Jahren wurde der Turm von der gefürchteten ÁVH (Staatsschutzbehörde) des kommunistischen Staates übernommen.

Ursprünglich wollte die Turanische Gesellschaft zwölf Türme in Buda errichten, aber es wurde nur dieser eine gebaut. Der Turm hat einen sechseckigen Grundriss und ist etwa 13 Meter hoch. Er wurde im romanischen Stil aus großen Steinblöcken errichtet und hat schmale Fenster. Im Jahr 1935 wurde auf der Spitze des Turms eine große Steinplatte mit einer Statue von Turul (ein mythologischer Raubvogel) aufgestellt – diese ist inzwischen jedoch verschwunden.

Wenn Sie den Turm besichtigen, steigen Sie bitte nicht die Stufen hinauf – einige fehlen, und das Dach des Turms ist instabil.

ÓBUDA-GASWERK

②

Ein außergewöhnliches verlassenes Gaswerk

1031 Budapest, Gázgyár utca – Besichtigung nur im Rahmen einer Führung (Anbieter von Führungen finden Sie auf Seite 5)
Zug (HÉV): Linie H5 - Bahnhof Aquincum oder Kaszásdűlő; Bus: 34, 134, 106 - Haltestelle Záhony utca

Das 1984 stillgelegte Óbuda-Gaswerk ist neben dem Kraftwerk Kelenföld (s. S. 200) eine der wenigen stillgelegten Großindustriestätten in Westeuropa, die heute offiziell besichtigt werden können. Die Kohle-Verbrennungsöfen und die großen Gasbehälter wurden inzwischen abgerissen. Geblieben sind der Uhrenturm und die drei imposanten Teertürme. Das erste Gaswerk in Budapest wurde am 23. Dezember 1856 in Józsefváros eröffnet. Vier Jahre später wurde ein zweites Werk in der heutigen Straße Margit körút eröffnet, gefolgt von einem dritten in Újpest und einem vierten in Ferencváros. Ferenc Haltai, der Direktor des neu gegründeten Unternehmens, war der erste, der den Bau eines größeren Gaswerks vorschlug: Im Jahr 1909 wählte der Budapester Stadtrat den Bezirk Óbuda als Standort für das neue Werk aus, denn Óbuda lag in der Nähe der Innenstadt und bot gleichzeitig Zugang zu den preiswerten Verkehrsmitteln auf der Donau.

Vor dem Bau des Werks wurden tiefliegende Geländeteile aufgefüllt

und ein Damm gebaut. Das Gaswerk ging im Jahr 1913 in Betrieb. Es war der modernste Produzent von „Stadtgas" auf Kohlebasis, lange bevor sich Erdgas durchsetzte. Rund 1.700 Arbeiter errichteten eine Kohleverbrennungsanlage mit 78 Brennkammern, zwölf Generatoren und zwei je 57,5 Meter hohen Gasbehältern, die ein Fassungsvermögen von jeweils 100.000 Kubikmetern aufwiesen. Das Gaswerk war so groß, dass alle vier früheren Werke geschlossen werden konnten.

Durch den Ausbruch des Ersten Weltkrieges wurde die Produktion stark beeinträchtigt. Die Wirtschaftskrise der frühen 1930er-Jahre sorgte für eine weitere Behinderung des Wachstums. Als Reaktion auf das Weltgeschehen erweiterte das Óbuda-Gaswerk seine Produktpalette und nahm Teer, Pech und Naphthalin in die Produktion auf. Gegen Ende des Zweiten Weltkrieges wurden die Rohrkonstruktionen bei Bombenangriffen schwer beschädigt. Als die sowjetischen Truppen in der Stadt eintrafen, nutzten sie den riesigen Generator, um die Stromversorgung wiederherzustellen. In den frühen 1950er-Jahren wurde das Budapester Gasversorgungsunternehmen gegründet. Gleichzeitig begann die allmähliche Verdrängung von Stadtgas durch Erdgas. Der unausweichliche Niedergang des Óbuda-Werks setzte sich bis in die 1970er-Jahre fort; am 15. Oktober 1984 wurde das Gaswerk geschlossen.

Nach der Schließung gab es verschiedene Pläne für die weitere Nutzung des Komplexes: Einige wollten ein Museum, andere eine Universität in den Gebäuden eröffnen. Das Gaswerk war auch Teil der Bewerbung Budapests zur europäischen Kulturhauptstadt. Nachdem die Gebäude mehrere Jahrzehnte lang langsam verfielen, wurde der Uhrenturm im Jahr 2013 renoviert. Die leeren Innenräume deuten jedoch darauf hin, dass man eher plante, ein denkmalgeschütztes Gebäude zu erhalten anstatt eine neue Funktion für das Bauwerk zu finden.

DIE WOHNSIEDLUNGEN DER GASFABRIK ÓBUDA

③

Wohnsiedlungen für Arbeiter und Führungskräfte

1031 Budapest, Gázgyári ltp.
Bus: Linie 106 – Haltestelle Záhony utca; HÉV: Linie H5 – Bahnhof Aquincum; MÁV – Bahnhof Aquincum

Wenn man an Wohnsiedlungen denkt, stellt man sich oft langweilige Häuserzeilen vor, aber die zwei Siedlungen der ehemaligen Gasfabrik Óbuda sind das genaue Gegenteil: Sie bieten eine wunderschöne Wohnumgebung am Rand von Buda. Die Siedlung westlich des Fabrikgeländes wurde für Arbeiter gebaut, die Siedlung südlich des Werksgeländes (die an der Donau entlang verläuft) wurde für Führungskräfte errichtet. Anfang des 20. Jahrhunderts regulierte der Staat die großen Unternehmen nicht nur in Bezug auf Arbeitszeiten und industrielle Standards, sondern verpflichtete sie auch dazu, Wohnungen für ihre Angestellten zu bauen. Die Arbeitersiedlung wurde von Lóránt Almásy Balogh entworfen, einem kaum bekannten Jugendstil-Architekten. Die aus sehr einfachen Baumaterialien errichteten Häuser der Wohn-

siedlung reihten sich um eine zentrale, mit Platanen bepflanzte Grünzone, was ein starkes Gemeinschaftsgefühl unter den Einwohner kreierte. Alle Wohnungen, auch die in den oberen Stockwerken, boten Zugang zu einem kleinen Garten; die Siedlung besaß sogar einen integrierten Kindergarten. Den Arbeitern standen auch lokale Einrichtungen zur Verfügung: ein Friseursalon, eine Bäckerei, ein Kino, eine Apotheke und vieles mehr. Außerdem gab es einen Busservice, der den Leuten das Einkaufen erleichterte. Der Kindergarten blieb bis heute bestehen, aber als in der Nähe ein Supermarkt eröffnet wurde, mussten die anderen Geschäfte schließen. Während des Ersten Weltkriegs durften die Leute sogar Tiere in den Gärten halten. In glücklichen Zeiten fanden Bälle statt, bei denen der Fabrikdirektor gelegentlich mit seinen Angestellten tanzte.

Südlich des Fabrikgeländes wurden die Villen der Führungskräfte errichtet – direkt an einer schönen, von Bäumen gesäumten Promenade in der Almási Balogh Lóránd utca. Die Villen wurden von Kálmán Reichl, einem der Architekten des Kraftwerks Kelenföld, entworfen (s. S. 200). Die größte Wohnung – Apartment VII mit 450 Quadratmetern – gehörte dem Fabrikdirektor. Einige der kleineren Villen bestanden aus jeweils zwei Wohnungen, die Zugang zu einem großen Garten hatten. Die Gebäude dieser Wohnsiedlung sind viel aufwendiger als die der Arbeiter.

ANTIKE RÖMISCHE HUNDEPFOTEN

Der wohl coolste Empfangsschalter in Budapest

Büros des Graphisoft-Parks – 1031 Budapest, Záhony utca
Geöffnet während der Bürozeiten
Bus: Linie 106 – Haltestelle Záhony utca; HÉV: Linie H5 – Bahnhof Kaszásdűlő

Hinter den antiken Ruinen von Aquincum (eine der meistbesuchten Touristenattraktionen von Budapest) befinden sich die modernen Büros des Graphisoft-Parks. Im Jahr 2017 wurde ein neues Empfangsgebäude („I") mit einer einzigartigen Rezeption eröffnet: Sie verfügt über eine Vitrine, in der 140 antike römische Ziegel ausgestellt werden, die beim Bau des Büroparks gefunden wurden. Wer genau hinschaut, kann auf einigen Ziegeln Abdrücke von Tierpfoten erkennen. Sie stammen von Hunden, die sie vor fast 2000 Jahren – als hier eine Töpferei betrieben wurde – in den feuchten Ton drückten: Die Tonziegel wurden wahrscheinlich zum Trocknen in die Sonne gelegt, und die Hunde trabten fröhlich über sie hinweg und hinterließen ihre Spuren für die nächsten Jahrtausende – Pfotenabdrücke, die den heutigen Büroangestellten ein Lächeln ins Gesicht zaubern.

DIE HERKULES-VILLA ⑤

Prachtvolle Mosaike aus der Römerzeit

1033 Budapest, 21 Meggyfa utca
aquincum.hu/en/a-muzeumrol/budapest-romai-emlekei/hercules-villa
1. April–31. Okt., Di–So 10–18 Uhr
Bus: Linien 9, 34, 109, 111, 118, 134 – Haltestellen Óbuda, Bogdáni út

Hinter den großen Wohnblöcken von Óbuda befinden sich die Ruinen der Herkules-Villa, die aus der ersten Hälfte des zweiten Jahrhunderts n. Chr. stammt. Die alten Mauern des Bauwerks, das über sehr schöne römische Mosaiken verfügt, sind teilweise noch erhalten. Die Villa ist nur einen kurzen Spaziergang von der Bogdáni út entfernt, in der sich die Endstation mehrerer Buslinien befindet. Die Überreste des Bauwerks wurden Mitte des 20. Jahrhunderts entdeckt, als in der Meggyfa utca die Fundamente für ein neues Schulgebäude ausgehoben wurden. Unter dem längsten Dach befindet sich das wertvollste Mosaik, das eine Szene aus dem Mythos von Herkules und Deïaneira darstellt. Es ist das einzige bekannte Mosaik, das von außerhalb der Provinz Pannonien ins heutige Umgarn gebracht wurde, wahrscheinlich stammt es aus einer Werkstatt in Alexandria. Das Gesamtmosaik besteht aus etwa 60 000 Teilen.

Im Kellergeschoss des Schulgebäudes sind auch die Überreste eines Tablinums (Familienzimmers) zu sehen: Der Raum ist mit einem Mosaik geschmückt, das von geometrischen Mustern eingefasst ist. Eine Hälfte des Mittelteils ist eine Rekonstruktion, die auf Grundlage der bereits vorhandenen Muster angefertigt wurde. Die andere Hälfte ist in das Gefüge der Fußbodenheizung eingestürzt. Das vollständige Bild zeigte eine Prozession zu Ehren von Dionysos (auch Bacchus genannt), dem Gott des Weines, und stellt ein Wetttrinken zwischen Herkules und Dionysos dar, bei dem Herkules der Verlierer ist.

Das kleinere zweite Gebäude, das aus dreieckigen Betonplatten und Glaswänden besteht, schützt den Badebereich. Die Mosaikfliesen im Apodyterium (Umkleideraum) stellen einen Boxkampf dar.

DIE EHEMALIGE SEIDENMANUFAKTUR IN ÓBUDA

6

Ein wunderschönes und seltenes ovales Gebäude

1033 Budapest, 1 Miklós tér
madgardenbuda.hu
Bus: Linien 9, 109, 118, 218 – Haltestelle Raktár utca

Das historische Gebäude der Seidenmanufaktur in Óbuda – eines der weniger bekannten Gebäude Budapests – hat eine ungewöhnliche Form: Es besteht aus einem Rechteck mit zwei Halbkreisen an den Enden.

Die Eingänge befinden sich an den beiden ovalen Enden des Gebäudes und sind über einen kleinen Vorplatz zu erreichen.

In der Originalfabrik gab es keine Trennwände, so dass man die Arbeitsprozesse vom Hof aus leicht überblicken konnte: Am Außenrand des Gebäudes befanden sich 28, in den Innenräumen gab es 16 Arbeitsplätze. Das einzigartige Layout sorgte für einen guten Überblick über sämtliche Arbeitsplätze.

Das Gebäude wurde im 18. Jahrhundert erbaut, als Joseph II., der von 1765 bis zu seinem Tod im Jahr 1790 Kaiser des Heiligen Römischen Reiches war, den Ausbau der Industrie in der Habsburgermonarchie förderte – darunter auch die Produktion von Seidenfasern. Im Jahr 1781 lud er den italienischen Fachmann Agostino Mazzocato dazu ein, ihm dabei zu helfen, ein Fabrikgebäude in Ungarn zu errichten. Die Fabrik wurde nach Entwürfen des Architekten József Tallherr errichtet und im Jahr 1786 in Betrieb genommen; sie diente auch als Ausbildungszentrum für Arbeiterinnen und Arbeiter. Später übernahm der Seidenfabrikinhaber Károly Roscogni die Leitung der Manufaktur, bis die Produktion im Jahr 1830 eingestellt wurde. Das Gebäude überstand die große Flut von 1838 (s. S. 106) unbeschadet, wurde aber fast vollständig aufgegeben.

Später wurde es vom Finanzministerium an einen neuen Eigentümer verkauft, der es zu einem Wohnhaus mit einer Galerie im Obergeschoss umbaute. In den 1950er-Jahren wurde das Gebäude restauriert und in den 1980er-Jahren als Kulturzentrum genutzt. Heute befinden sich in den Räumlichkeiten Büros und der Innenhof dient von Frühjahr bis Herbst als Biergarten.

DIE „ORTHODOXEN“ GEMÄLDE IM KISCELLI-MUSEUM

⑦

Sind sie so alt, wie sie aussehen?

1037 Budapest, 108 Kiscelli utca
kiscellimuzeum.hu
Di–So 10–18 Uhr, Mo geschlossen: Nov.–März Di–Fr nur 10–16 Uhr
Tram: Linien 17, 19, 41 – Haltestelle Szent Margit kórház

Das Kiscelli-Museum befindet sich in einer alten Burg an einem steilen Hügel in Óbuda und verfügt über versteckte Räume, die selbst regelmäßige Besucher oft übersehen – z.B. den Bereich unter der ehemaligen Burgkapelle, der heute als Ausstellungsraum dient. Das kaum bekannte Kellergeschoss unter der Kapelle ist einer dieser versteckten Bereiche des Museums. Einige Wände und Säulen des Kellers sind mit Bildern geschmückt, die wie alte orthodoxe Gemälde wirken. Aber das Schloss ist nicht alt, und auch die Bilder sind nicht alt … Die Gemälde stammen aus dem Jahr 1994, als die Anastasia-Stiftung (die gegründet wurde, um traditionelle religiöse Praktiken wiederzubeleben) eine Veranstaltung mit dem Titel *Pas d'accord avec Zeffirelli* (auf Deutsch: *Nicht einverstanden mit Zeffirelli*) organisierte. Das Event brachte fünf rumänische Künstlerinnen und Künstler zusammen: Sorin Dumitrescu, Mihai Sârbulescu, Horea Paştina, Ion Grigorescu und Ioana Bătrânu. Die Künstler malten mit antiken Techniken Ikonen an die Wände und schufen so Werke mit orthodoxen Motiven. Gleichzeitig liefen auf Bildschirmen im Hintergrund Szenen aus Franco Zeffirellis TV-Miniserie *Jesus von Nazareth* aus dem Jahr 1977. Das Ziel der Veranstaltung bestand darin, christliche Traditionen der modernen internationalen Interpretation des Christentums gegenüberzustellen.

Die Krypta ist in einer Kampfszene des 2019 erschienenen Films *Gemini Man* mit Will Smith zu sehen.

Die ehemalige Kapelle der Burg

In den 1720er-Jahren ließ Graf Péter Zichy in Óbuda eine Kapelle errichten, um dort eine Kopie der Marienstatue von Mariazell aufzustellen. Im Jahr 1738 kamen Mönche des Trinitarierordens nach Óbuda, für die zwischen 1744 und 1749 ein Kloster gebaut wurde. Der Orden wurde im Jahr 1784 aufgelöst, das Mobiliar versteigert, und man baute die Klosterkirche zu einer Kaserne um. Im Jahr 1910 erwarb der Wiener Möbelfabrikant und Kunstsammler Max Schmidt (auch bekannt als Miksa Schmidt) das Gelände und nutzte die Kirche, um dort seine Kunstsammlung auszustellen. In seinem Testament vererbte er das Schloss der Stadt Budapest. Danach versuchte die Stadt, die Sammlung des Stadtmuseums hier auszustellen, aber das Gebäude wurde im Zweiten Weltkrieg so stark beschädigt, dass die erste Ausstellung erst im Jahr 1948 eröffnet werden konnte. Im Jahr 1989 wurde die Kirche komplett in einen Ausstellungsraum umgewandelt.

DIE ALTE KIRCHE VON GERCSE ⑧

Ein kleines Juwel am Stadtrand

1028 Budapest, Gercsényi utca
pesthidegkutiplebania.hu – Geöffnet vor der Sonntagsmesse (17 Uhr)
Bus: Linien 64, 164, 264 – Haltestelle Mikszáth Kálmán utca; oder Volánbusz ab Hűvösvölgy

Das kleine Dorf Gercse gehört heute zum 2. Bezirk und beherbergt eine der ältesten Kirchen von Budapest, die selbst viele Einheimische nicht kennen. Das ruhige und historische Flair des Ortes macht ihn zu einem wahren Juwel am Stadtrand. Die im 13. Jahrhundert errichtete Kirche hat ein Hauptschiff, keinen Turm und ein hufeisen-

förmiges Heiligtum. Sie wurde im Mittelalter mindestens zweimal und im Jahr 1595 während der türkischen Besatzung ein weiteres Mal zerstört. 1774 bauten deutsche Siedler aus dem Rheingebiet die Kirche wieder auf und fügten Barockelemente hinzu; das Hauptschiff wurde nach Westen hin verlängert, und man fügte eine Empore für die Orgel und eine Sakristei hinzu. Im Jahr 1817 stand die Kirche noch, aber in Aufzeichnungen von 1827 wird sie als Ruine beschrieben. 1985 ergaben archäologische Untersuchungen, dass die Kirche einst von einer 60 x 60 Meter langen und 70 Zentimeter dicken Mauer umgeben war. Ein Umbau in den Jahren 1996/1997, bei dem die Kirche neue Sitzbänke und einen neuen Altar erhielt, hat diesem bescheidenen Gotteshaus das Flair des frühen Mittelalters zurückgegeben.

DER LOKSCHUPPEN DER KINDEREISENBAHN

9

Ein zum Zugwaggon umgebauter Škoda

Bahnhof Hűvösvölgy – 1029 Budapest, Hűvösvölgy
gyermekvasut.hu
Geöffnet im Rahmen von Sonderveranstaltungen, Informationen siehe Website
Tram: Linien 56, 56A, 59B, 61 – Haltestelle Hűvösvölgy

Am Hűvösvölgy-Bahnhof der beliebten Kindereisenbahn steht ein relativ unbekannter Lokschuppen, der einige Gegenstände beherbergt, die aus der kommunistischen Zeit der Kinderbahn stammen. Der Schuppen ist voll betriebsfähig und kann deshalb nur im Rahmen von Sonderveranstaltungen besichtigt werden (siehe oben). Seine Hauptattraktionen sind alte Lokomotiven und Personenwaggons, die oft von Schmalspurbahnen aus der Umgebung stammen: Die Mk-49-Lokomotiven zum Beispiel kommen aus der Stadt Sárospatak. Das skurrilste Fahrzeug ist jedoch ein Škoda, der 1948 hergestellt und 1949 zu einem Zugwaggon umgebaut wurde. Nach jahrelangem Einsatz in Sárospatak und Hanság wurde das ungewöhnliche Fahrzeug in Sopron und Celldömölk abgestellt, bevor es im Jahr 2003 hierherkam. Der Škoda hat jetzt den Motor eines Ladas und ein neues Kennzeichen: Pft-272.

Im Lokschuppen befinden sich auch die alten Bahnhofsschilder, die gelegentlich öffentlich ausgestellt werden. Sie erinnern an die alten kommunistischen Bahnhofsnamen (siehe unten).

Die längste Kindereisenbahn der Welt

Die Gyermekvasút („Kindereisenbahn") – oder Linie 7 –, die in den Jahren 1948 bis 1950 eröffnet wurde, ist eine 11,7 km lange Schmalspurbahn in Budapest, die die Stadtteile Széchenyihegy und Hűvösvölgy miteinander verbindet. Die Strecke hieß früher Úttörővasút („Pioniereisenbahn", Pioniere waren das kommunistische Pendant zu den Pfadfindern). Mit Ausnahme des Zugführers sind alle Positionen des Zuges mit Kindern im Alter von 10 bis 14 Jahren besetzt, die unter Aufsicht von Erwachsenen arbeiten, so wie es das Konzept zu Sowjetzeiten vorsah. Es ist die längste Kindereisenbahn der Welt. Einige Bahnhofsnamen entlang der Strecke bezogen sich auf die Ideologie jener Zeit: Der Bahnhof Úttörőváros („Pionierstadt"), der in der Nähe des großen Pionierlagers Csillebérc lag, heißt heute Csillebérc; der Bahnhof Előre („Vorwärts") heißt heute Virágvölgy, was im Deutschen „Blumental" bedeutet; und der Bahnhof Ságvári Liget („Ságvári-Hain"), der nach dem kommunistischen Aktivisten Endre Ságvári benannt wurde, trägt heute den Namen Szépjuhászné. Die Bahnhöfe wurden im Jahr 1990 umbenannt, als die Pioniereisenbahn umgetauft wurde und den Namen „Kindereisenbahn" erhielt.

Zwischen Lokschuppen und Terminal befindet sich eine kleine Drehscheibe, auf der die Lokomotiven von Zeit zu Zeit gedreht werden, um für einen gleichmäßigen Abrieb der Räder zu sorgen.

DIE UNVOLLENDETE UNGARISCHE KIRCHE DES HEILIGEN LANDES ⑩

Diese Kirche sollte die Wunder des Heiliges Landes nach Ungarn bringen

1021 Budapest, 3 Heinrich István utca
Besichtigung nur im Rahmen einer Führung (Anbieter von Führungen finden Sie auf Seite 5)
Tram: Linien 56, 56A, 59B, 61 – Haltestelle Heinrich István utca

Am Ende eines Weges, der von der Heinrich István utca abzweigt, befindet sich ein großes Tor, hinter dem ein ellipsenförmiges Gebäude mit einer Kolonnade aus Betonsäulen thront. Es ist eines der letzten Werke von Farkas Molnár, einem ungarischen Mitglied des Bauhauses. Das einzigartige, unvollendete und leerstehende Gebäude kann nur im Rahmen einer Führung besichtigt werden (siehe oben). Im Jahr 1937 lernte Molnár den Franziskanermönch János Mór Majsai kennen, der die Ungarische Kommission für das Heilige Land leitete. In den

1930er-Jahren reisten sowohl Majsai als auch Molnár nach Palästina, um die heiligen Stätten zu erforschen – denn Molnár plante, Nachbildungen der heiligen Stätten in Ungarn zu errichten. 1940 wurde der Grundstein für das Gebäude gelegt, und 1942 wurden nach Zustimmung der katholischen Kirche die Bauarbeiten in Angriff genommen. Man plante, das Hauptgebäude in kleinere Kapellen zu unterteilen, die an den Vorder- und Rückseiten gewölbte Wände haben sollten. Im Innenhof wollte man eine Kopie des Heiligen Grabes aufstellen (des Grabes, in das der Leichnam Jesu nach der Kreuzigung gelegt wurde). Ende 1944 wurden die ersten Kapellen fertiggestellt. Einige Monate später starb Molnár, und die Bauaufsicht ging auf Jenő Szendrői über.

Nach der Machtübernahme der Kommunisten im Jahr 1949 kamen die Bauarbeiten zum Stillstand. Die bereits teilweise fertiggestellte Kuppel wurde demontiert, und die Kapellen fielen dem Vandalismus zum Opfer. In den folgenden Jahrzehnten wurden die Räumlichkeiten als Lagerräume oder Künstlerateliers genutzt. Das Stadtarchiv von Budapest erwarb das Bauwerk, um es als Lagerfläche zu nutzen, zog aber im Jahr 2004 wieder aus. Seitdem steht das Gebäude leer. Die unvollendete Kirche ist seit 2013 im Besitz des Franziskanerordens. Übrig geblieben sind nur die Außenmauern und Innensäulen des ellipsenförmigen Hauptblocks, der 40 Meter lang und 25 Meter breit ist. Um die Mauern herum befinden sich zwei Reihen von Rohbaufenstern. Der Haupteingang, der eine Nachbildung der Grabeskirche werden sollte, ist ein weiterer nicht realisierter Teil des Projekts.

Der Zugang zur Kirche ist auf gelegentliche Führungen beschränkt, aber ein Großteil des Gebäudes kann auch von außen besichtigt werden.

NAPRAFORGÓ UTCA

11

Eine wunderschöne kleine Straße mit frühmodernen Villen

1021 Budapest, Napraforgó utca – napraforgoutca.hu
Gelegentlich finden Führungen statt (Anbieter von Führungen finden Sie auf *Seite 5)*
Tram: Linien 56, 56A, 59B, 61 – Haltestelle Zuhatag sor

Die Napraforgó utca, die parallel zur Straßenbahnlinie in Richtung Hűvösvölgy verläuft, ist eine kleine Straße, die einen Einblick in unsere frühen Vorstellungen von der Zukunft gibt. In den späten 1920er-Jahren diskutierte man intensiv über eine neue Art von Architektur und Moderne: Die Napraforgó utca („Sonnenblumenstraße") ist das Ergebnis eines Experiments, diese Theorien in die Praxis umzusetzen. Alle 19 Wohneinheiten in der Straße (16 Häuser und drei Gebäude mit je zwei Wohnungen) wurden 1931 in weniger als zwölf Monaten erbaut, wobei der Wunsch nach gesundem, praktischem, erschwinglichem und nachhaltigem Wohnraum im Vordergrund stand. Der Verband der ungarischen Ingenieure und Architekten hatte einen Referenzpunkt für das Wohnbauprojekt: die Weissenhofsiedlung in Stuttgart. Da mehrere Architekten am Bau der Siedlung beteiligt waren, weisen die Gebäude einige stilistische Unterschiede auf: Einige Häuser entsprechen den Prinzipien der Bauhaus-Bewegung, andere dem Stil des Art déco, und eines weist Elemente des Neobarocks auf. Dennoch herrscht Harmonie: Die meisten Außenwände der Häuser sind einfarbig gestrichen, die Gebäude haben Flachdächer und (mit wenigen Ausnahmen) zwei Stockwerke. Die Farben sind kräftig und hell – viel farbintensiver als heute üblich. Die meisten Zäune wurden nach den Originalplänen wiederaufgebaut; dabei wurde die Beleuchtung in die Zaunpfosten integriert. Bei früheren Umbauten gingen ursprüngliche Elemente verloren, oder es wurden unpassende Schuppen und Garagen etc. errichtet. Die jetzigen Eigentümer sind jedoch bestrebt, den ursprünglichen Stil der Gebäude zu erhalten. Auf einem kleinen Platz in der Mitte der Straße steht ein Denkmal, das die Namen der Architekten der einzelnen Häuser aufführt. Darunter sind viele „Star"-Architekten der damaligen Zeit wie Lajos Kozma, József Fischer, Alfréd Hajós und Farkas Molnár.

IMRE-NAGY-GEDENKHAUS

⑫

Erinnerungen an den Ministerpräsidenten von 1956

1026 Budapest, 43 Orsó utca – 392 5011, 392 5012
Mo–Fr 10–16 Uhr
Buchung von Führungen unter: tarlatvezetes@nagyimrealapitvany.hu; Eintritt frei
Informationen zu Konferenzen und anderen Veranstaltungen unter nagyimreemlekhaz.hu
Bus: Linie 5 – Haltestelle Pasaréti tér

Obwohl Imre Nagy eine bekannte Persönlichkeit des Ungarischen Volksaufstandes von 1956 ist, wird sein einstiges Wohnhaus nur selten besucht, was wohl daran liegt, dass es eine relativ abgeschiedene Lage außerhalb des Stadtzentrums hat. Das Haus ist heute seiner Ehrung als eine der führenden Persönlichkeiten des Volksaufstandes von 1956 gewidmet, ein Aufstand, der sich gegen die sowjetische Herrschaft in Ungarn richtete. Die Villa wurde von dem berühmten Architekten Lajos Kozma entworfen und in den Jahren 1931 bis 1932 erbaut. Sie liegt nur wenige Straßen vom Pasaréti tér entfernt. In diesem Haus verfasste der Vorsitzende des Ministerrats seine Parlamentsrede, in der er die Grundlagen für das Regierungsprogramm von 1953 festlegte. Hier schrieb er auch seine Thesen, die später in dem Buch *Zur Verteidigung des ungarischen Volkes* veröffentlicht wurden. Er verließ das Haus, in dem er zusammen mit seiner Familie lebte, am Abend des 23. Oktober 1956 – dem Tag, an dem der Volksaufstand begann. Am 4. November versuchte er, das Leben seiner Familie zu retten, indem er in der jugoslawischen Botschaft Zuflucht suchte. Schließlich wurde er jedoch gefangen genommen, einem Schauprozess unterzogen und am 16. Juni 1958 hingerichtet. Sein Leichnam wurde (zusammen mit anderen, die damals hingerichtet wurden) im Jahr 1989 exhumiert. Seine erneute Beisetzung war ein Ereignis, das symbolisch für den Fall des Kommunismus in Ungarn stand.

Im Jahr 1990 wurde eine Stiftung gegründet, um das Andenken an den ehemaligen Staatschef zu bewahren; im Jahr 2002 wurde das Gedenkhaus eröffnet. Da die Besitztümer der Familie Nagy damals vom Staat beschlagnahmt worden waren und die Villa nach dem Jahr 1956 mehrmals neu vermietet wurde, konnte die Ausstellung zunächst nur wenige Originalobjekte zeigen. Die fehlenden Gegenstände (Details des alten Bücherregals, ein Stuhl, ein Philodendron, das Fußende eines Bettes) wurden aus weißem Gips nachgebildet, um die Originaleinrichtung nachzustellen. Eine Ausnahme bildet die Rekonstruktion der einstigen Büroräume des Ministerpräsidenten.

DIE STATUE VON RAOUL WALLENBERG

⑬

Ein Diplomat, der Tausende von Juden rettete

1026 Budapest, 101 Szilágyi Erzsébet fasor
Tram: Linien 56, 56A, 59, 59B, 61 – Haltestelle Nagyajtai utca; Bus: Linien 91, 291 – Haltestelle Gábor Áron utca oder Szilágyi Erzsébet fasor

Auf einer Grünfläche an der Kreuzung der Straßen Szilágyi Erzsébet fasor und Nagyajtai utca steht eine Statue, die einen Mann zwischen zwei großen, aufrechtstehenden Granitplatten zeigt. Die zwei Platten dienen nicht nur als Hintergrund, sondern wurden so entworfen, dass sie die Statue verdecken, wenn man daran vorbeigeht. Die Skulptur, die von Imre Varga (1923–2019) geschaffen wurde, erinnert an den schwedischen Diplomaten und Menschenfreund Raoul Wallenberg, der im Januar 1945 spurlos verschwand. Der Granit, aus dem die Skulptur angefertigt wurde, war ein Geschenk der Familie Wallenberg und wurde von Varga selbst in Schweden ausgewählt.

Raoul Wallenberg, ein Mitglied der berühmten Familie Wallenberg, war ein schwedischer Diplomat, der während des Zweiten Weltkriegs in Budapest arbeitete. Er rettete Tausenden von Juden das Leben, indem er ihnen „Schutzpässe" ausstellte, die ihnen den Schutz eines anderen Landes gewährten.

Als die Rote Armee am Ende des Krieges Budapest einnahm, wurde Wallenberg von den Sowjets inhaftiert. Man fand sein Auto in der Nähe des heutigen Standorts der Statue. In den folgenden Jahrzehnten hüllte sich Moskau in Schweigen und gab keine Erklärung für die Verhaftung des Diplomaten. Im Jahr 1947 gab der sowjetische Außenminister bekannt, dass sich Wallenberg nicht in der Sowjetunion befand. Zehn Jahre später wurde in einer weiteren Mitteilung bestätigt, dass er im Juli 1947 in einem Moskauer Gefängnis verstorben war.

Das erste Denkmal zu Ehren Wallenbergs wurde von Pál Pátzay geschaffen. Es stellte einen Mann dar, der eine Schlange überwältigt. Pátzay war Vargas Lehrer und Freund, und als Akt der Ehrerbietung meißelte Varga ein Bild von Pátzays Statue in die Granitplatten. Es wird von einem Zitat von Ovid umrahmt: „Donec eris felix, multos numerabis amicos / Tempora si fuerint nubila, solus eris" – auf Deutsch: „Solange Du glücklich bist, wirst Du viele Freunde haben. Wenn die Zeiten bewölkt sein werden, wirst du allein sein".

Varga war ziemlich mutig, Wallenberg als alten Mann darzustellen, der die Kleidung der sowjetischen Arbeitslager trug: einen groben Stoffmantel und Holzschuhe. Die Statue wurde 1985 im Garten der US-amerikanischen Botschaft in Budapest – also auf US-amerikanischem Boden – aufgestellt. Weil der schwedische und der amerikanische Botschafter diplomatischen Druck auf den ungarischen Kommunistenführer Kádár ausübten, wurde die Skulptur schließlich an ihren heutigen Standort gebracht. Das Denkmal wurde im Jahr 1987 – nur eine Woche vor Kádárs Besuch in Schweden – in aller Stille und so unauffällig wie möglich eingeweiht, ohne die Zeitungen darüber zu informieren.

ZWEI ABSCHNITTE DER BERLINER MAUER

14

Die Zeit, als Ostdeutsche kurz vor dem Fall der Berliner Mauer in Scharen nach Ungarn kamen, um die Grenze nach Österreich zu überqueren

Garten des Ungarischen Malteserhilfsdienstes in Zugliget
1125 Budapest, 58–60 Szarvas Gábor út
Bus: 291 – Haltestelle Szarvas Gábor út

Zu DDR-Zeiten gab es strenge Beschränkungen, wohin Ostdeutsche reisen durften – das sozialistische Ungarn war eines der wenigen erlaubten Länder. Budapest und der Plattensee waren beliebte Reiseziele, aber im Sommer 1989 war alles ganz anders. Im Februar 1989 einigten sich Ungarn und Österreich darauf, dass sie ihre Beziehungen intensivieren wollten. Als Zeichen dafür entfernten sie den aus Stacheldraht, Landminen und elektrischen Signalanlagen bestehenden »Eisernen Vorhang«, der die Grenzüberquerung verhindern sollte. Im Juni wurde das letzte Stück des Zauns entfernt. Die Berliner Mauer blieb jedoch bestehen.

Um diese Situation zu nutzen, reisten Zehntausende von Ostdeutschen nach Ungarn und lösten damit die größte europäische Flüchtlingskrise jener Zeit aus. Am 14. August 1989 eröffnete der Malteserhilfsdienst die erste Flüchtlingsunterkunft, und im Laufe der nächsten drei Monate kamen über 48.600 Menschen in mehreren Asylheimen (weitere wurden in Hárshegy und Csillebérc eröffnet) in Budapest an. Das Projekt wurde von Pater Imre Kozma, dem Mitbegründer des Ungarischen Malteserhilfsdienstes, geleitet und von der Bundesrepublik Deutschland unterstützt.

Die meisten Flüchtlinge wollten die Unterkünfte nicht verlassen, da Stasi-Mitarbeiter dabei beobachtet wurden, wie sie die Flüchtlinge von benachbarten Dächern aus fotografierten. Am 19. August wurden die Grenzen anlässlich des Paneuropäischen Picknicks (einer Friedensdemonstration) für mehrere Stunden geöffnet, so dass Hunderte von Ostdeutschen die Grenze überquerten. Am 14. November wurde die ungarisch-österreichische Grenze vollständig für Ostdeutsche geöffnet, und die verbliebenen Flüchtlinge reisten nach Österreich ein.

Ein paar Tage zuvor, am 9. November 1989, war endlich die Berliner Mauer gefallen. Zwei Abschnitte davon wurden der SZDSZ, einer liberalen Partei in Ungarn, geschenkt. Diese wurden zunächst im Tabán-Park aufgestellt, aber als die Leute anfingen, Stücke der Mauer zu entfernen (jemand strich sie sogar dunkelrot an), beschloss man, sie an einen Ort zu bringen, der sicherer war. Seit 2004 stehen die Mauerabschnitte nun im Garten des Ungarischen Malteserhilfsdienstes in Zugliget. Noch immer kommen viele Menschen aus Deutschland zu Besuch hierher, darunter ehemalige Flüchtlinge und Diplomaten.

Pater Kozma blieb nicht viel Zeit, sich zu entspannen: Im Dezember 1989 brach in Rumänien die Revolution aus, die der Diktatur Nicolae Ceaușescus ein Ende setzte. Der Malteserhilfsdienst beteiligte sich daran durch das Sammeln und Verteilen von Spenden.

DIE ENDSTATION DER PFERDEBAHN IN ZUGLIGET

(15)

Die ehemalige Endstation einer Pferdebahn

1121 Budapest, 64 Zugligeti út
helytortenetigyujtemeny.hu
lovasut.hu
Mi–So 10–18 Uhr
Bus: Linie 291 – Haltestelle Zugligeti út

Das Gebäude in der Zugligeti út 64 war einst die Endstation einer Pferdebahn. Es ist weit vom Stadtzentrum entfernt, liegt aber in der Nähe mehrerer Wanderwege und gleich beim Libegő-Sessellift. Das Bauwerk verfügt über kunstvolle Holzverzierungen, Backsteinwände und – seit der Renovierung vor einigen Jahren – auch über einen Ausstellungsraum für die lokale historische Sammlung des 12. Bezirks von Budapest.

Zugliget wurde in den 1830er-Jahren zu einem beliebten Ausflugsziel; 1832 wurde eine der ersten Omnibuslinien der Stadt in Betrieb genommen, die Fahrgäste aus dem Stadtzentrum nach Zugliget brachte. Diese Buslinie wurde 1868 durch eine von Pferden gezogene Straßenbahn ersetzt, die wiederum 1896 durch eine elektrische Straßenbahn ersetzt wurde. Die Straßenbahn wurde im Jahr 1977 abgeschafft und durch eine Buslinie ersetzt. Das Gebäude der Endstation wurde von József Kauser entworfen; er ließ sich dabei von der alpinen Architektur und den nahe gelegenen Ferienhäusern aus dem frühen 19. Jahrhundert inspirieren. Das 1868 errichtete Backsteingebäude bestand aus zwei Pavillons, die durch einen zentralen Innenhof miteinander verbunden und durch ein langes Dach geschützt waren. In den 1920er-Jahren wurde der Innenhof ummauert und zu einem Wohnhaus ausgebaut.

Nach einer Renovierung im Jahr 2017, die von dem Architekturbüro Zoboki Design and Architecture (das in Ungarn für den Entwurf des Palasts der Künste MÜPA bekannt ist) vorgenommen wurde, schließt nun eine Glaswand den einst offenen Bereich des Gebäudekomplexes. Hinter dem Haus befindet sich ein neuer Anbau. Im Rahmen der Renovierung wurden alle noch brauchbaren Originalteile verarbeitet; die fehlenden Elemente wurden anhand von Originalzeichnungen nachgebaut, wobei auch die kleinsten Details der kunstvollen Holz-, Gusseisen- und Ziegeldekorationen berücksichtigt wurden.

Am 4. Juni 1900 lösten die Fahrgäste der elektrischen Straßenbahn versehentlich die Bremsen des Waggons, so dass dieser am steilen Hang beschleunigte und in einer Kurve auf der Virányosi út entgleiste. Vier der siebzig Fahrgäste starben, neun wurden mit schweren Verletzungen ins Krankenhaus gebracht. Nach dem Unfall wurden die Fahrkartenkontrolleure dazu verpflichtet, die Bremsen regelmäßig zu überprüfen; außerdem wurde auf flachem Gelände weiter oben auf dem Hügel (dort, wo sich heute der Campingplatz Niche befindet) eine neue Endstation errichtet.

DAS MOSAIK AM BAHNHOF SZÉPJUHÁSZNÉ

(16)

Ein vergessenes Relikt aus der Sowjetzeit

In der Nähe von: 1021 Budapest, 93 Budakeszi út
Bus: Linien 22, 22A, 222, Kindereisenbahn – Station Szépjuhászné

Nur wenige Besucher der berühmten Kindereisenbahn (s. S. 166) erkunden auch das Gelände rund um die Bahn. Deshalb kennen auch nur wenige das schöne Mosaik, das den Bahnhof Szépjuhászné der Kinder- eisenbahn schmückt. Es wurde von Ferenc Jánossy geschaffen und zeigt ein idealisiertes Bild aus der Zeit des Kommunismus: eine glückliche Familie, die im Wald spazieren geht. Der Vater hält eine große rote Fahne in der Hand. Die zwei Vögel symbolisieren den Frieden. Am unteren Rand des Mosaiks ist ein symbolisches Bild der Eisenbahn zu sehen.

Die Bahn wurde in der kommunistischen Stalinära nach dem Vorbild ähnlicher Eisenbahnstrecken in der Sowjetunion gebaut und damals Pioniereisenbahn genannt. Mehrere Bahnhöfe wurden im obligatorischen, staatlich verordneten Stil des sozialistischen Realismus gestaltet, aber nur wenige der Kunstwerke sind heute noch erhalten. Das Mosaik am Bahnhof Szépjuhászné gehört zu den schönsten.

IN DER UMGEBUNG

Die Ruinen des Klosters Budaszentlőrinc

Ganzjährig geöffnet

In der Nähe der Kindereisenbahn liegen hinter hohen Bäumen versteckt die Ruinen des Paulinerklosters, die heute weitgehend vergessen sind. Man kann hier eine Rekonstruktion der Originalfundamente des Klosters besichtigen, die auf archäologischen Forschungen aus dem 20. Jahrhundert basiert. Das Kloster wurde im 14. Jahrhundert vom Paulinerorden, dem einzigen katholischen Orden Ungarns, errichtet, um damit den ägyptischen Eremiten Paulus von Theben, auch genannt Heiliger Paulus der erste Einsiedler, zu ehren, der im dritten Jahrhundert nach Christus lebte. Nachdem der Papst 1308 seine Zustimmung gegeben hatte, begann man – mit finanzieller Unterstützung des ungarischen Königs – das Kloster zu errichten. Es wurde dem heiligen Laurentius von Rom (Szent Lőrinc) gewidmet, daher der Name des alten Dorfes: Budaszentlőrinc.

Die dreischiffige Kirche des Klosters war 49 Meter lang und 14 Meter breit. Im Jahr 1526 verließen die meisten der 300 bis 500 Mönche das Kloster, um vor der türkischen Armee zu fliehen. Die wenigen Mönche, die blieben, wurden getötet, und das Kloster wurde teilweise zerstört. Als Buda im Jahr 1686 von der türkischen Besatzung befreit wurde, verwendete man die Steine des Klosters für den Wiederaufbau der Stadt, was für die endgültige Zerstörung des Klosters sorgte.

ZENTRUM & ARCHIV MAKOVECZ ⑰

Ein schönes, kaum bekanntes Beispiel für organische Architektur

1125 Budapest, 2 Városkúti út
70 330 1719 – makovecz.hu
Mo/Mi/Fr 14–17 Uhr
Besuch kostenfrei – Gruppenbesuche sind im Voraus anzumelden unter: office@makovecz.hu
Bus: Linie 128 – Haltestelle Regőczi István tér

Das Zentrum und Archiv Makovecz, das als Wohnhaus für den Architekten Imre Makovecz und seine Familie geplant war (leider

starb er, bevor er einziehen konnte), ist ein typisches Bauwerk des ungarischen Meisters der organischen Architektur. Mit seiner außergewöhnlichen Inneneinrichtung, seiner interessanten Formgebung und strukturellen Gestaltung aus hochwertigem Holz ist das Zentrum der perfekte Ort, um das Lebenswerk von Makovecz kennenzulernen. Das hufeisenförmige Gebäude liegt etwas abgeschirmt von der Straße und verfügt über eine transparente Veranda, die tagsüber das Sonnenlicht hereinlässt und in deren Mitte ein Walnussbaum wächst. Makovecz plante, im Hinterhof Obstbäume zu pflanzen. In einem benachbarten Raum wurde das Arbeitszimmer des Architekten eingerichtet: Seine Möbel, Bücher und persönlichen Gegenstände wurden aus seinem früheren Büro in der Kecske utca 25 hierhergebracht.

In dem Gebäude, das von der Imre-Makovecz-Stiftung genutzt wird, finden auch Tagungen, Präsentationen und Vorträge statt.

Imre Makovecz

Organische Architektur ist eine Architekturphilosophie, die die Harmonie zwischen dem menschlichen Lebensraum und der Natur fördert. Sie wurde von dem Architekten Frank Lloyd Wright (1867–1959) geprägt, zu ihren Hauptvertretern zählen Louis Sullivan und Rudolf Steiner. Imre Makovecz (1935–2011) war die Leitfigur der organischen Architektur Ungarns. Seine Architektur war von einer stark theoretischen Denkweise geprägt, er lehnte den Kommunismus und Globalismus ab und suchte Inspiration in der ungarischen Volkskultur. Er hatte viele Anhänger, gründete einen Verband (den Károly-Kós-Verein), leitete eine Architekturschule für junge Fachleute und gründete die Zeitschrift *Landbauer* (*Országépítő*). Imre Makovecz wurde bereits mit seinen Frühwerken berühmt, die er in den Hügeln von Visegrád für die Forstwirtschaft errichtete. Sein größter Erfolg auf internationaler Ebene war der Pavillon der Weltausstellung in Sevilla im Jahr 1992 (weitere Informationen finden Sie in dem Reiseführer *Verborgenes Sevilla*, der ebenfalls im Jonglez Verlag erschienen ist). Seine Bauwerke sind überall im Karpatenbecken und auch außerhalb Ungarns zu finden: Sie reichen von Schulen über Kirchen bis hin zu Kulturzentren.

Bauwerke von Imre Makovecz in Budapest

Der hölzerne Aussichtsturm am Hárshegy (1021 Budapest, Hárshegyi körút), der 1982 errichtet wurde – ein kleines, aber einzigartiges Bauwerk, das die Form einer Doppelspirale hat. Die Leichenhalle in der Nähe des Haupteingangs des Farkasrét-Friedhofs (1124 Budapest, 99 Németvölgyi út) wurde im Jahr 1977 fertiggestellt. Makovecz gestaltete die Innenräume aus gebogenen Holzstücken, die aussehen wie die Rippen des Brustkorbs eines Mannes. Der Sarg mit dem Leichnam wird dort platziert, wo sich das Herz des hölzernen Brustkorbs befindet. Die Tore der Halle haben die Form von Engelsflügeln – dies ist das erste Mal, das Makovecz dieses Motiv verwendet, das in den späteren Werken des Architekten immer wieder auftaucht. Nach seinem Tod im Jahr 2011 fand hier seine Trauerzeremonie statt. Makovecz entwarf auch die Kirche der Einheit, eine protestantische Kirche in Pesterzsébet-Szabótelep (1202 Budapest, 149 Mártírok útja), doch nach seinem Tod im Jahr 2011 wurde der Bau gestoppt. Tamás Dósa Papp, ein Lehrling des Architekten, stellte die Kirche schließlich im Jahr 2021 fertig. Das Gebäude ist größer als ursprünglich geplant: Es verfügt über einen zusätzlichen Saal, in dem Veranstaltungen stattfinden können. Die Kirche sieht aus, als würde sie aus dem Boden wachsen, das Dach hingegen scheint vom Himmel herabzusteigen – so erfüllt sich Makovecz' Vision von Kirchen, die Erde und Himmel verbinden. Die Himmelfahrtskirche in Rákoskert (1171 Budapest, Tiszaörs utca 22). Makovecz legte den Grundstein im Jahr 2009, doch die Kirche wurde erst 2022, nach seinem Tod, fertiggestellt. Im Jahr 2005 entwarf Makovecz die große Kirche des Heiligen Michael und der Auferstehung, die am Apor Vilmos tér gebaut werden sollte. Mangels finanzieller Unterstützung und Engagements vonseiten der katholischen Kirche blieb dieser Entwurf unverwirklicht.

DAS SVÁBHEGY-OBSERVATORIUM ⑱

Wo der Himmel grenzenlos ist

Planet Earth, 1121 Budapest, 15–17 Konkoly-Thege Miklós útsvabhegyicsillagvizsgalo.hu
info@svabhegyicsillagvizsgalo.hu
Tagsüber und nach Sonnenuntergang werden Gruppenführungen angeboten, die im Voraus gebucht werden müssen
Bus: Linie 21 – Haltestelle Csillagvizsgáló

Das Svábhegy-Observatorium befindet sich am Rand von Budapest in Normafa, einem der grünsten Bezirke der Stadt. Gleich am Eingang des Observatoriums erhebt sich ein neoklassizistisches

Bauwerk, das 1926 erbaut wurde und die Büroräume der Forscher beherbergt. Dahinter befindet sich ein begrünter Hinterhof mit drei weiteren Gebäuden. Die größte Kuppel beherbergt ein Teleskop, das 1928 von der deutschen Firma Heyde gebaut wurde und in jener Zeit das größte Teleskop Ungarns war. Die halbkugelförmige Kuppel verfügt über eine schöne, holzgetäfelte Innenausstattung und ein kupferverkleidetes Kuppeldach, das sich öffnen lässt. Das Teleskop steht auf einem Sockel, der vom Gebäude selbst getrennt ist, damit die Sternenbeobachtung nicht durch Vibrationen behindert wird. Das 1922 erbaute Meridianhaus beherbergt die Instrumente, mit denen einst die Position der Sonne gemessen wurde. Bis in die 1930er-Jahre wurde von diesem Gebäude aus die genaue Zeit an die ungarische Staatsbahn übermittelt. Im Auditorium, das nach dem ehemaligen Kultusminister Kunó Klebelsberg benannt ist, wurde ein Labor für Meteoritenanalyse eingerichtet. Die Besucher können echte Gesteinsbrocken aus dem Weltall berühren und deren farbenfrohe Kristallstrukturen unter dem Mikroskop bestaunen.

Eine Straße zu den Sternen

Die Straße, die zum Observatorium führt, ist nach Miklós Konkoly-Thege benannt, einem reichen Adligen, der 1869 eine Sternwarte auf seinem Anwesen in Ógyalla errichtete. Im Jahr 1899 übergab er das Gebäude dem ungarischen Staat und amtierte bis zu seinem Tod im Jahr 1916 als erster Direktor des Astrophysikai-Observatoriums. Als im Jahr 1920 der Friedensvertrag von Trianon unterzeichnet wurde, verlor Ungarn etwa zwei Drittel seines Territoriums: Ógyalla wurde Teil der neu gegründeten Tschechoslowakei und gehört heute zur Slowakei (das Observatorium, das auf Slowakisch *Hurbanovo* heißt, ist noch immer in Benutzung und kann besichtigt werden). In einem geschickten Schachzug gelang es, die Ausrüstung der dortigen Sternwarte nach Budapest zu bringen, kurz bevor im Jahr 1919 der Grundstein für das Observatorium auf dem Berg von Svábhegy gelegt wurde.

Das erste Observatorium von Budapest wurde 1815 in der Zitadelle errichtet; während der Belagerung von Buda im Jahr 1849 wurde es stark beschädigt und musste später geschlossen werden.

DIE SZÉCHENYI-GLORIETTE

(19)

Die Gloriette, die bereits vor dem Millenniumsdenkmal auf dem Heldenplatz stand

1121 Budapest, 12 Széchenyi-emlék út
Zahnradbahn (60) – Művész út

Am Stadtrand von Buda erhebt sich der Széchenyi-Berg, auf dem – fern vom Trubel des Stadtzentrums – die Széchenyi-Gloriette steht. Das Bauwerk besteht aus zwei breiten Treppen, die zu einer oberen Terrasse führen, in deren Mitte sich ein großer Fahnenmast erhebt.

Die Gloriette befand sich nicht immer hier: Sie stand einst auf dem Heldenplatz, bevor das Millenniumsdenkmal dort errichtet wurde. Als im späten 19. Jahrhundert im Park von Városliget Thermalwasser entdeckt wurde, musste die Quelle geschützt werden: Der Budapester Ausschuss für grafische Kunst beauftragte Miklós Ybl im Jahr 1884 damit, ein provisorisches Bauwerk für die Quelle zu entwerfen. Die Rohre im Inneren der Gloriette waren von einer Kuppel bedeckt; außen führten zwei geschwungene Treppen zu einer sechseckigen Terrasse. Zwischen den Geländern der Treppen befand sich ein Wasserbrunnen. An den Ecken standen Vasen, und in der Mitte befand sich ein großer runder Sockel. Dieser Sockel trug einen 24 Meter hohen, mit Kränzen und Greifen verzierten Fahnenmast.

Um die Jahrhundertwende wurden in Budapest viele große Bauprojekte realisiert, darunter das Museum der Bildenden Künste (1906), das Millenniumsdenkmal (1906) und die Kunsthalle (1896). Die Gloriette musste weichen: Sie wurde jedoch nicht abgerissen, sondern nur verlegt. Das Bauwerk wurde im Jahr 1926 auf dem Széchenyi-Berg im 12. Bezirk wieder aufgebaut, wo es heute noch steht (jedoch ohne den Wasserbrunnen). Vor dem Denkmal steht eine Büste von István Széchenyi.

Die Delfine an der Gloriette

Die zwei Delfinskulpturen, die an den Enden der beiden Treppen prangen, erinnern an den ehemaligen Wasserbrunnen des Denkmals.

DER JÓKAI-GARTEN

⑳

Vögel, Bäume, Wein und Behaglichkeit an einem steilen Berghang

1121 Budapest, 21 Költő utca
dunaipoly.hu/en/places/interpretation-sites/jokai-natural-garden
Besuch nur im Rahmen einer Gruppenführung, Anmeldung telefonisch oder per E-Mail unter: 30 663-4670 oder kovaria@dinpi.hu
Bus: Linien 110, 112 – Haltestelle Tamási Áron utca / Thomán István utca oder Linien 21, 21A, 60 – Haltestelle Svábhegy

Der Jókai-Garten, der nur im Rahmen einer Gruppenführung besichtigt werden kann, ist ein schöner und kaum bekannter Garten mit einem Weinberg, einem Zentrum für Ornithologie, einem herrlichen Blick über die Stadt und einem Gedenkraum zu Ehren des berühmten ungarischen Schriftstellers Mór Jókai, der im 19. Jahrhundert lebte. Jókai liebte die Natur so sehr, dass er im Jahr 1853 mit dem Erlös aus seinem beliebten Roman *Egy magyar nábob* (*Ein ungarischer Nabob*) ein großes, leeres Grundstück am Hang von Svábhegy kaufte. Zusammen mit seiner Frau gestaltete er das Grundstück um, und sie legten rund um ihre neue Villa eine Obstplantage und einen Weinberg an. Das Grundstück blieb bis 1922 im Besitz der Familie. Im Zweiten Weltkrieg wurde die Villa bei Bombenangriffen beschädigt, und nach mehreren Inhaberwechseln wurde sie schließlich abgerissen. Im Jahr 1960 wurde an ihrer Stelle ein neues Bürogebäude errichtet, aber der Keller und der Garten blieben erhalten. Im Jahr 1968 wurde das Bauwerk dem Schriftsteller gewidmet. Hinter dem Haupttor führt ein Weg zu der Steinbank, auf der Jókai gern saß und über den Garten, die Pflanzen, den Wechsel der Jahreszeiten, die nistenden Vögel usw. schrieb. Er pflanzte Weintrauben an und hielt Nutztiere: Hühner, Kühe, Schweine und einen Esel. Im Bürogebäude befindet sich auch eine kleine Ausstellung über die Vögel Ungarns. Gegenüber dem Gebäude befindet sich ein Rosengarten, der einen herrlichen Panoramablick über die Stadt bietet. Auf der gegenüberliegenden Straßenseite führen steile Stufen in den Keller und zu einer kleinen Ausstellung über Jókai. Hinter dem Holzgebäude, das ein Stück weiter liegt, befindet sich ein steiler Hang, auf dem Wein angebaut wird. Eine kleine Ausstellung von Steinen, die nach ihrem geologischen Alter geordnet sind, führt die Besucher zurück zum Eingang.

Jókai liebte seinen Garten so sehr, dass er dort sogar begraben werden wollte. Sein Grab auf dem Kerepesi-Friedhof ist wie ein Garten angelegt und mit einer Steinbank geschmückt. Unter den umliegenden Bäumen steht eine Statue des Bildhauers József Róna, die den griechischen Lyriker Anakreon darstellt. Das Gesicht des glücklichen alten Mannes ist Jókais Gesicht nachempfunden.

DIE KYRILLISCHE INSCHRIFT IN DER BEETHOVEN UTCA

21

Minenfreie Häuser

1126 Budapest, 11 Beethoven utca
Bus: Linien 102, 212 – Haltestelle Királyhágó tér; Tram: Linien 59, 59A, 59B – Haltestelle Királyhágó tér

An dem kleinen Haus in der 11 Beethoven utca ist eine gemalte Inschrift in kyrillischer Schrift zu sehen. Sie ist eine der wenigen verbliebenen Spuren, die die Rote Armee am Ende des Zweiten Weltkriegs an den Gebäuden hinterließ.

Nach dem Krieg mussten die Häuser in Budapest auf nicht explodierte Bomben und Minen untersucht werden. Wurde ein Gebäude freigegeben, malte man eine kurze Notiz an die Wand, die erklärte, dass das Haus minenfrei war (*мин нет*). Auf der Inschrift ist auch der Militärgeneral vermerkt, der für die Überprüfung zuständig war – in diesem Fall ein Mann namens Sokolow (*Соколов*). Außerdem ist der Name des zuständigen Geschwaders angegeben – das Wort „Seno" (*Сено*) bezieht sich hier wahrscheinlich auf den Széna tér. Weil das Datum mit angegeben wurde, dienen die Inschriften auch als zeitlicher Beleg für den Vormarsch der Front, da Budapest im blutigen Winter von 1944/45 Gebäude für Gebäude besetzt wurde.

Die meisten Inschriften verschwanden nach 1945, da die alten Gebäude abgerissen oder renoviert wurden. Hier ein paar Standorte von Inschriften, die noch vorhanden sind:

- 11 Beethoven utca
- 6 Semsey Andor utca
- 8/a Buday László utca
- 24/b Vörösmarty utca
- 5/a Csilla utca
- 25 Stefánia út

Möglicherweise gibt es noch mehr Inschriften.

DER SAS-HÜGEL

(22)

Ein verborgenes Naturschutzgebiet mit großartigem Panoramablick

1112 Budapest, 24 Tájék utca
dunaipoly.hu/en
Siehe Website für Öffnungszeiten
Bus: Linie 8E – Haltestelle Korompai utca

Obwohl seine hellen Felsen von vielen Teilen der Stadt aus zu sehen sind, ist der Sas-Hügel ein verborgenes Naturschutzgebiet, das einen atemberaubenden Panoramablick auf Budapest bietet. Sein Gipfel, der sich 266 Meter über dem Meeresspiegel erhebt, wurde zum Naturschutzgebiet ernannt. Vom Stadtzentrum fährt ein Bus zur Korompai utca; von dort aus führt die Tájék utca zum Eingang des Naturschutzgebietes. Es gibt hier keine hohen Bäume, da die Bodendecke zu dünn ist, aber die Flora und Fauna umfasst mehrere endemische Arten, die die letzte Eiszeit überlebt haben und nur in Ungarn vorkommen. Renommierte Wissenschaftler wie Pál Kitaibel, Ottó Herman und János Balogh haben die einzigartige Tierwelt und Geologie dieses besonderen Hügels untersucht. Obwohl man bereits Anfang des 20. Jahrhunderts wusste, dass diese Region geschützt werden musste, wurde sie erst im Jahr 1958 zum Naturschutzgebiet erklärt. In den Jahren 1974/75 wurde das Gebiet eingezäunt, es wurden Wege angelegt und ein Besucherzentrum gebaut – das heutige Gebäude entstand erst später. Das Naturschutzgebiet hat zwar keine vielfältige Tierwelt zu bieten, wartet aber mit einigen Naturwundern auf: Hier leben seltene Käfer, Schmetterlinge und Spinnen, die es sonst nirgendwo auf der Welt gibt. Auch Johanniseidechsen und kaspische Springnattern sind auf dem Hügel zu finden.

DIE KIRCHE DER KIRCHGEMEINDE KÜLSŐ-KELENFÖLD ㉓

Eine moderne Kirche, die aus einem Science-Fiction-Film der 1970er-Jahre stammen könnte

1115 Budapest, 1 Ildikó tér
So 9.30 Uhr bis zum Gottesdienst 10 Uhr
Metro: Linie M4 – Station Kelenföld

Nur wenige Gehminuten vom Verkehrsknotenpunkt Kelenföld entfernt steht versteckt am Ildikó-Platz die eindrucksvolle futuristische Kirche der Gemeinde Külső-Kelenföld. Sie ist eine der wenigen Kirchen, die in der sozialistischen Ära Ungarns gebaut wurden – und sie sieht aus wie ein Raumschiff aus einem Science-Fiction-Film der 1970er-Jahre.

Die Kirche, die auf einer Seite von kleinen Wohnhäusern und auf der anderen von mehrstöckigen Betonbauten umgeben ist, wurde von dem Architekten István Szabó entworfen. Szabó war eigentlich auf das Design von Ausstellungs- und Festhallen spezialisiert, wandte sich in seinen späteren Jahren aber der Kirchenarchitektur zu. Er leitete den Bau der Kirche von 1979 bis 1981. Als leitender Architekt der Hungexpo 1968 meldete Szabó ein Patent für den Bau großer Gitterstrukturen an, wie sie auch am Ildikó-Platz verwendet wurden. Die Betonfundamente messen nur einen Meter; darüber erheben sich verzinkte Stahlrohre, die das Hauptbauwerk bilden, das auf einem sechseckigen Grundriss mit einem Winkel von 45 Grad basiert. Trotz seiner relativ geringen Größe ist der Innenraum der Kirche geräumig und eindrucksvoll. Von einer abgeschrägten Seite, an der die Rohrkonstruktion mit einer Glasscheibe kombiniert wurde, strömt Sonnenlicht herein. Das sechseckige „Dach" war ursprünglich von Glasfenstern durchsetzt, die bei einer späteren Renovierung gegen Polycarbonat-Platten ausgetauscht wurden. Die drei Schenkel des Glockenturms symbolisieren die Heilige Dreifaltigkeit, während eine elektromagnetische Anlage als Glockenspiel fungiert.

DAS LAGER FÜR TECHNISCHE STUDIEN

(24)

Eine Fundgrube für Liebhaber alter Technik

Ungarisches Museum für Wissenschaft, Technik und Verkehr
1117 Budapest, 10 Prielle Kornélia utca
facebook.com/MuszakiTanulmanytar – tunde.jolathy@kozlekedesimuzeum.hu
Besichtigung nur in Gruppen, Anmeldung per E-Mail
Bus: Linien 33, 133E – Haltestelle Budafoki út/Dombóvári út; Tram: Linien 1, 41 – Haltestelle Hauszmann Alajos utca/Szerémi út

Das 2006 eröffnete Lager für Technische Studien des Ungarischen Museums für Wissenschaft, Technik und Verkehr besteht aus drei großen Hallen mit Lagerregalen, in denen rund 16.000 Objekte aufbe-

wahrt – und oft auch ausgestellt – werden. Die atemberaubend vielfältige Sammlung ist eine Fundgrube für Liebhaber alter Technik.

In der ersten Halle sind alte Teleskope des Konkoly-Thege-Observatoriums, eine Fernsehkamera aus den 1950er-Jahren, Glasaugen, optische Geräte sowie Aufzeichnungsgeräte für Film und Fernsehen zu sehen.

In der zweiten Halle stehen zwei alte Computer. Auf einer Seite steht ein Schreibtisch mit dem MESZ-1, dem ersten ungarischen Computer. Er wurde zwischen 1957 und 1958 an der Universität aus Bauteilen eines Fernmeldeamtes montiert und hauptsächlich für Ausbildungszwecke genutzt. Der Computer war nur bis zum Jahr 1966 in Betrieb; danach wurde er einer anderen Organisation gestiftet. Die andere Seite des Raums wird vollständig von dem riesigen URAL-2-Computer eingenommen.

Während Alan Turing den Briten dabei half, ihren ersten Computer zu entwickeln, um im Zweiten Weltkrieg den Enigma-Code zu knacken, und die USA den ENIAC bauten, um die Flugbahn von Kugeln zu berechnen, begann der Ostblock erst sehr spät mit solchen Entwicklungen. Der URAL-2 wurde im Jahr 1962 in der Sowjetunion entworfen und produziert. Er arbeitete mit Vakuumröhren und war einer der ersten Computer, die in Ungarn genutzt wurden. Nach Ungarn wurden drei Versionen dieses Computers geliefert; der URAL-2 im Lager für Technische Studien ist die einzige Version, die noch erhalten ist. Der Computer durfte nur von streng ausgewähltem Personal bedient werden. Er musste direkt programmiert werden und hatte keine alphanumerische Ein- und Ausgabe. Seine Kapazität beträgt bis zu 12.000 Gleitkommaberechnungen pro Sekunde und liegt damit unter der Kapazität eines modernen Taschenrechners.

Vom URAL-2-Computer über die Entwicklung von Word und Excel bis hin zu einer Weltraummission

Charles Simonyi, der Sohn eines ungarischen Physikers, hatte das große Glück, als Junge Zugang zum URAL-2-Computer zu erhalten. Später wanderte er in die USA aus und arbeitete zusammen mit Bill Gates an der Entwicklung der Software-Programme Word und Excel. Er war der zweite Ungar, der eine kurze Mission ins All unternahm; als Erinnerung an seine Anfänge nahm er eine der Lochkarten des URAL-2-Computers auf seinen Weltraumflug mit.

KRAFTWERK KELENFÖLD

(25)

Art déco trifft auf Technik des frühen 20. Jahrhunderts

1116 Budapest, 60 Hengermalom út
Besichtigung nur im Rahmen einer Führung (Anbieter von Führungen finden Sie auf Seite 5) und am Tag der Kraftwerke im Oktober
Bus: 103, 133E – Haltestelle Hengermalom út

Im Süden des Bezirks Buda liegt das fantastische Kraftwerk Kelenföld, das in den 1920er-Jahren entworfen und (größtenteils) in den 1930er-Jahren erbaut wurde. Zusammen mit dem Óbuda-Gaswerk (s. S. 154) ist es heute eine der wenigen verlassenen Großindustrieanlagen in Westeuropa, die offiziell besichtigt werden können. Allerdings ist nicht der gesamte Komplex verlassen: Während einige Gebäude leer stehen und immer baufälliger werden, wurden andere Teile des Komplexes zwischen 2004 und 2008 restauriert und werden noch genutzt.

Die Elektrizität kam im Jahr 1893 nach Budapest – dank zweier Unternehmen, die 1918 von der Stadtverwaltung aufgekauft wurden. Diese Unternehmen initiierten ein Projekt zum Bau eines firmeneigenen Kraftweks, dessen erste Nutznießer die zeitgleich errichteten Palatinus-Häuser" nahe der Margaretenbrücke waren.

Die ersten Gebäude des Kraftwerks wurden von Kálmán Reichl, dem Architekten der Óbuda-Gaswerke (1912–1914), entworfen und von den Elektrizitätswerken Ganz und der Maschinenfabrik Nicholson errichtet. In den folgenden Jahrzehnten (außer im Ersten Weltkrieg, als der Ausbau des Werks zum Stillstand kam) wurde der Komplex mehrmals erweitert. Der erste Kesselraum wurde im Jahr 1913, der zweite 1925 gebaut – beide nach Entwürfen von Reichl. Nach dessen Tod im Jahr 1926 führte Virgil Borbíró (deutsch: „Bierbauer") die Arbeit fort. Er entwarf den Uhrenturm, der im Jahr 1926 errichtet wurde – seine Größe verdeutlicht, wie stark sich die Technik in den Zwischenjahren weiterentwickelt hatte.

Das mit Ziegeln verkleidete 30.000-Volt-Schalthaus besteht aus Stahlbeton und verfügt über ein außergewöhnliches Treppenhaus, das an der Fassade entlang in die oberen Stockwerke führt. Die Ziegelverkleidung sorgt für optische Harmonie zwischen dem neueren Gebäude und den älteren, von Reichl entworfenen Bauwerken.

Der spektakulärste Bereich des oberen Stockwerks ist der Kontrollraum: Er kombiniert moderne Elemente mit dem Art-déco-Stil und erinnert an Kulissen früher Science-Fiction-Filme. Der Raum wird von einem Glasdach gekrönt; die Wände sind mit unzähligen Schaltern und Messgeräten ausgestattet. Auf der unteren Ebene befindet sich die sogenannte Relaishalle mit herausnehmbaren Bodenelementen, die einen einfachen Zugang zu den darunterliegenden Kabeln ermöglichen. Die Korridore verfügen über Glasböden, die natürliches Licht hereinlassen.

Im Jahr 1934 wurde der dritte Kesselraum fertiggestellt. Zeitgleich zu den großen Wohnbauprojekten, die in der zweiten Hälfte der 1960er-Jahre realisiert wurden, begann das Kraftwerk Kelenföld auch Fernwärme (Warmwasser aus der Leitung) bereitzustellen.

DAS MAUSOLEUM DER FAMILIE TÖRLEY

26

Die Krypta der Sektfabrikanten

1221 Budapest, 6 Sarló utca
Besichtigung nur im Rahmen einer Führung (Anbieter von Führungen finden Sie auf Seite 5) und zu den örtlichen Péter-Pál-Tagen im Juni
budafokteteny.hu – Website nur auf Ungarisch
Bus: Linien 241, 241A – Haltestelle Plébánia utca; Tram: Linie 47 – Haltestelle Leányka utcai lakótelep

Auf einem Hügel zwischen dem Stadtzentrum und Budafok befindet sich ein vergessenes Meisterwerk des ungarischen Jugendstils: das teilweise renovierte Mausoleum der berühmten Sektfabrikanten-Familie Törley. Es ist eine der größten Grabstätten in Ungarn, die sich nicht auf einem Friedhof befindet.

Das von 1907 bis 1909 erbaute Mausoleum wurde von Vilmos Rezső Ray entworfen, der auch als Architekt für die Sektfabrik und das Schloss der Familie Törley arbeitete. Das Bauwerk ist reich mit Jugendstilelementen verziert. Unterhalb des Turms führt eine Treppe hinunter in die Krypta, die 1957 von Vandalen beschädigt wurde. Heute ist die Krypta für die Öffentlichkeit geschlossen. Dank der Sanierung im Jahr 1996 ist das Gebäude von außen in gutem Zustand, aber die Innenräume bedürfen umfassender Renovierungsarbeiten. Der Hintereingang im Erdgeschoss führt zu einer Kapelle, die sich unter der Kuppel befindet. Die Kapelle war ursprünglich mit Statuen von József Damkó sowie mit Buntglasfenstern ausgestattet, die wahrscheinlich aus der Werkstatt von Miksa Róth stammten. Die Fenster sind leider nicht mehr vorhanden, aber es sind noch Reste der dekorativen Jugendstil-Wandgemälde erhalten. Über dem Eingang der Kapelle sind die Überreste eines wunderschönen Mosaiks zu sehen.

József Törley: Gründer der Sektkellerei

Nach der Gründung seiner Sektkellerei (im Jahr 1882) war József Törley bis zum Ende des 19. Jahrhunderts der größte Sekthersteller in Österreich-Ungarn. Im Jahr 1896 wurde er von Kaiser Franz Joseph I. in den Adelsstand erhoben. Als József Törley im Jahr 1907 verstarb, ließ seine Witwe dieses Mausoleum erbauen, das sich oberhalb des Familienschlosses befindet.

DER ZSOLNAY-SAAL

27

Ein wunderschönes Beispiel für den Jugendstil

Sektkellerei Törley – 1221 Budapest, 7 Anna utca
torleymuzeum.hu/en
An einem Tag im Monat für Einzelbesucher geöffnet, oder Sie buchen eine Führung (Reservierung siehe Website)
Tram: Linie 47 – Haltestelle Savoyai Jenő tér; Bus: Linie 241 – Haltestelle Savoyai Jenő tér (Törley tér)

Außer dem Mausoleum (siehe S. 204) gibt es in Budafok noch ein weiteres Relikt der Familie Törley: Einmal im Monat oder nach Voranmeldung finden in der Sektkellerei Törley Führungen statt. Sie führen durch die Keller der Fabrik und enden im Zsolnay-Saal, der über eine

schöne große Wand aus bunten Fliesen verfügt. Der Raum ist ein wunderschönes Beispiel für den Jugendstil. Die Fliesenwand wurde 1904 von Henrik Dařilek in der Zsolnay-Fabrik geschaffen und im Jahr 1989 restauriert. Die glasierten Keramikfliesen sind in glänzender und matter Ausführung vorhanden und bedecken eine Fläche von 27 Quadratmetern.

Auf den Fliesen ist József Törley in festlichem Gewand abgebildet: Er sitzt auf der linken Seite des Wandbildes an einem Steintisch und begrüßt eine Gruppe bunt gekleideter Gäste, die von rechts hereinkommen – ein Junge trägt eine Schale mit Obst, ein anderer eine Standarte mit der Aufschrift „Törley sec". Die von Weinreben umrankte Säule zur Rechten trägt das Wappen der Familie Törley; daneben befinden sich das Logo der Zsolnay-Fabrik, die Signatur von Henrik Dařilek und die Jahreszahl 1904.

DAS WEINFASS IM WEINKELLER LEANDERES

28

Eines der größten Weinfässer der Welt

14 Sörház utca, 1222 Budapest
bornegyed.hu
Besuch während der Veranstaltungen im August und September (z. B. zum Champagner- und Weinfest von Budafok im September) möglich – weitere Informationen finden Sie auf den Websites budafokteteny.hu und bornegyed.hu
Gruppenführungen können ganzjährig unter der E-Mail-Adresse marketing@torley.hu gebucht werden
Bus: Linien 33, 114, 213, 214 – Haltestelle Vágóhíd utca; MÁV – Bahnhof Háros

Der Weinkeller Leanderes in Budafok, einer ehemaligen Weinbauregion Ungarns, beherbergt eines der größten Weinfässer der Welt. Mit einem Fassungsvermögen von 1022 Hektolitern (also 102.200 Litern – nicht 1014 Litern wie auf der Holztafel vermerkt) könnte es jedem Besucher der Ferenc-Puskás-Arena (die Platz für 68.000 Personen bietet) 1,5 Liter Wein liefern. Das Fass wurde 1974 anlässlich des 25-jährigen Bestehens der staatlichen Weinproduktionsgesellschaft (Boripari Vállalat) in Auftrag gegeben und von István Borsody designt. Das Eichenholz stammt aus verschiedenen Regionen des Landes: Das Fass besteht aus 125 Dauben mit einer Länge von je sechs Metern und einer Dicke von je 13 bis 19 Zentimetern. Der Maximaldurchmesser des Fasses beträgt 5,8 Meter, und im leeren Zustand ist es 18 Tonnen schwer: Kein Wunder, dass es direkt vor Ort zusammengebaut werden musste.

Der Kopf des Fasses ist mit einer Holzschnitzerei verziert, die eine Szene aus der Weinlese und fahrendes Volk darstellt, das zur Feier der Ernte Musik spielt. In der Mitte befindet sich ein Spruchband mit einem Zitat aus einem ungarischen Gedicht von Ferenc Kölcsey: „Blicke in die Zukunft und messe die Gegenwart an dem, was du erreichen willst / Tu, schaffe, bereichere, und das Land wird erblühen." Die Holzschnitzerei wurde von István Szabó geschaffen, der auf dem Bild auch die Figur darstellt, die die Qualität des Weins überprüft.

Neben vielen weiteren Weinsorten wird in diesem Weinkeller auch der international bekannte Wein Irsai Olivér – unter der Marke Szent István Korona – hergestellt.

Das Weinkellersystem von Budafok ist seit über drei Jahrhunderten in Benutzung und mit einer Länge von fast 100 Kilometern das größte in Mittelosteuropa. Durch den Abbau von Kalkstein entstanden sechs bis acht Meter breite und drei bis vier Meter hohe Schächte. Etwa zehn Prozent des ungarischen Weißweins werden hier gelagert. In den besten Kellern betragen die Temperaturschwankungen nur ein bis zwei Grad Celsius, während die Temperatur ganzjährig konstant bei 12 bis 14 Grad Celsius liegt.

Das größte Weinfass der Welt steht seit dem Jahr 1751 im Heidelberger Schloss. Mit einem Fassungsvermögen von 228.000 Litern ist es eine der größten Touristenattraktionen der Region, obwohl es heute nicht mehr mit Wein gefüllt ist.

DIE HÖHLENBEWOHNER VON BUDAFOK

29

Leben in einer aus Stein gehauenen Wohnung

1222 Budapest, 4 Veréb utca
020 447 8333 (nur Ungarisch) – budafokibarlanglakas.hu
Besichtigung nur nach telefonischer Voranmeldung
Bus: Linie 141 – Haltestelle Széchenyi utca, oder Linien 58, 158, 250, 250B – Haltestelle Mező utca

In einer abgelegenen kleinen Straße im 22. Bezirk von Budapest bieten die letzten Höhlenwohnungen von Budafok Einblick in eine ärmliche, aber einzigartige Lebensweise. Die Höhlen sind noch komplett erhalten – samt Mobiliar und konstant hoher Luftfeuchtigkeit. Die Behausungen wurden direkt aus dem Gestein (Promontor-Kalkstein) gemeißelt: Ihre niedrigen Hofgärten wurden aus der Gesteinsoberfläche gehauen; das entnommene Gestein wurde für Bauarbeiten in Budapest verwendet, vor allem nach dem verheerenden Hochwasser von 1838. Anschließend wurden kleine „Wohnungen" mit je zwei bis drei Zimmern in die Felswände gehauen. Manchmal fand man auch natürliche Höhlen, die bewohnt werden konnten, wobei die längste Höhle 160 Meter lang war. Da keine Wände oder Dächer, sondern nur je eine Tür, ein Schornstein und ein paar Fenster gebaut werden mussten, waren die Baukosten sehr niedrig. Diese Wohnungen blieben jedoch das ganze Jahr über feucht und dunkel. Ein Feuchtigkeitssensor in einem der Zimmer macht dies deutlich: Er zeigt konstant 100 Prozent Luftfeuchtigkeit an. Alles, was aus Holz, Papier oder Eisen besteht, rostet und verrottet irgendwann. Ein Artikel aus dem Jahr 1912 beschreibt die miserablen Bedingungen in dieser Gegend: Die starken Regenfälle verursachten feuchte Wände, es fehlte an Straßenbeleuchtung in den schlammigen Straßen, und unter den oft armen Mietern (meist Land- und Industriearbeiter), die hier wohnten, grassierten Cholera und Tuberkulose. Obwohl der Bau von Höhlenwohnungen im Jahr 1910 verboten wurde, entstanden immer wieder neue. Die letzten Mieter zogen erst in den 1960er-Jahren aus. Danach wurden die meisten Höfe zugeschüttet oder umfunktioniert und zur Lagerung von Wein oder zum Anbau von Pilzen genutzt. Die Anlage in der Veréb utca ist das einzige noch erhaltene Beispiel für diese Höhlenwohnungen.

Parias

DER ROSENGARTEN IN BUDATÉTÉNY

30

Ein Muss für Gartenfreunde

1223 Budapest, 188 Nagytétényi út
fruitresearch.naik.hu
Im Garten finden gelegentlich Konzerte, Jahrmärkte und Ausstellungen statt. Das Veranstaltungsprogramm finden Sie unter facebook.com/BudatetenyiRozsakert
Täglich 8–20 Uhr – Bus: Linien 138, 150 – Haltestelle Budatétény vasútállomás (Campona); MÁV – Bahnhof Budatétény

Wer Rosen und Gärten liebt, wird von diesem abgelegenen, weitläufigen Rosengarten begeistert sein. Er ist der größte seiner Art in Ungarn – hier wachsen Tausende von Rosensorten.

Um hierher zu gelangen, fährt man von Buda aus nach Süden in Richtung der Nagytétényi út bis zum 22. Bezirk von Budapest und betritt den Garten durch das Haupttor, das sich in der Nagytétényi út 188 befindet.

Man sollte mehrere Stunden für den Besuch einplanen. Der Garten

erstreckt sich über eine Fläche von 2,5 Hektar, die in neun Zonen unterteilt ist: Rund 10.000 Quadratmeter des Gartens sind den Rosenbeeten gewidmet – hier werden über 7.000 Rosen gezüchtet.

Der Hauptzweck des Rosariums ist die Erhaltung alter Rosensorten. Es gibt viele ältere Sorten, die in den Gärtnereien nicht mehr erhältlich sind. Der Garten spielt also auch eine wichtige Rolle als Genbank, in der wissenschaftliche Forschung betrieben wird.

Die Entstehung des Gartens geht auf das Jahr 1950 zurück, als das Forschungsinstitut für Gartenbau gegründet wurde. Gergely Márk – der aktivste Rosensammler Ungarns – brachte über 200 Rosensorten in den Garten ein. Der erste Garten wurde rund um die György-Villa in Budatétény angelegt, erwies sich aber bald als zu klein. Zwischen 1964 und 1965 wurde das Rosarium an seinen heutigen Standort verlegt. Der Garten war ursprünglich viel größer, doch als das Gelände bebaut und ein Teil des Gartens verkauft wurde, musste er verkleinert werden – davon waren vor allem die nicht winterfesten Rosensorten betroffen. Als Budapest sich um die Ausrichtung der Weltausstellung bewarb, wurde der Garten von 1993 bis 1995 teilweise rekonstruiert.

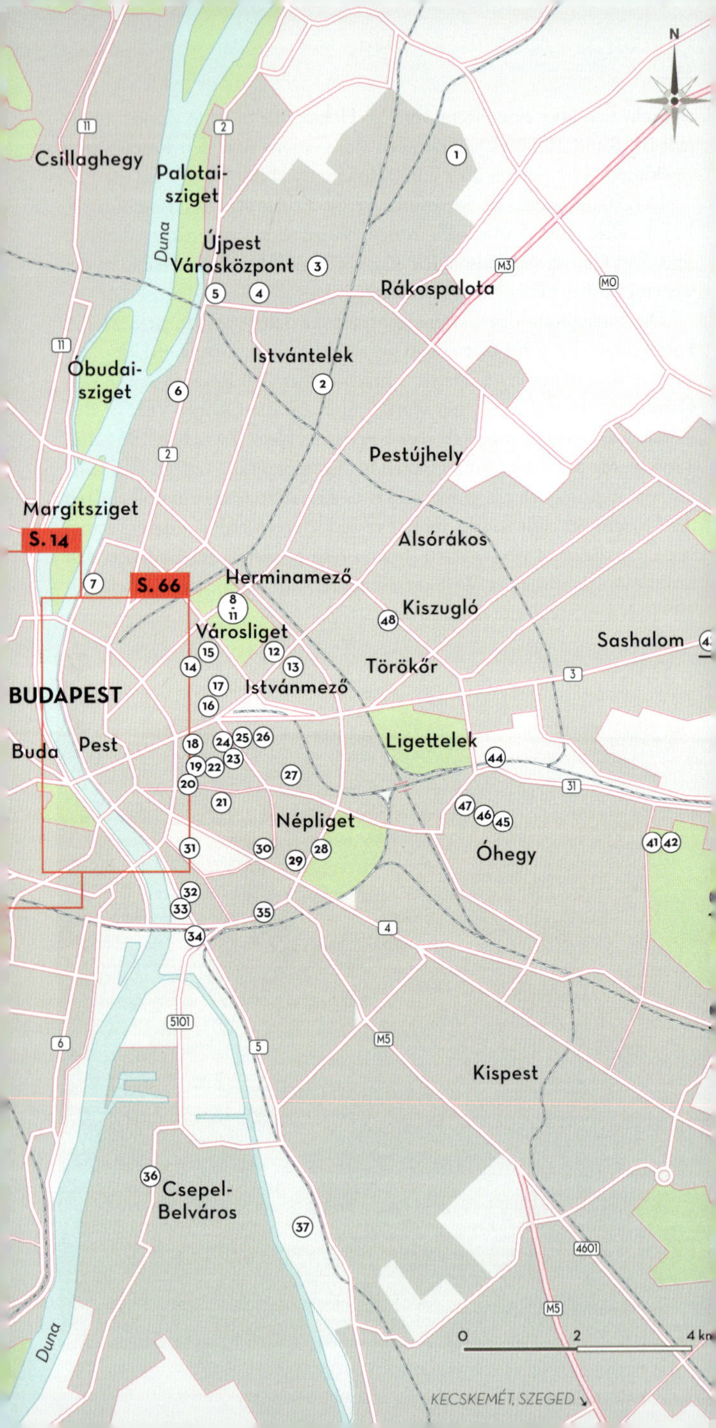

N
Csillaghegy
Palotai-sziget
Duna
Újpest Városközpont
Rákospalota
Óbudai-sziget
Istvántelek
Pestújhely
Margitsziget
S. 14
S. 66
Alsórákos
Herminamező
Kiszugló
Városliget
Sashalom
Törökőr
Istvánmező
BUDAPEST
Buda
Pest
Ligettelek
Népliget
Óhegy
Kispest
Csepel-Belváros
Duna
KECSKEMÉT, SZEGED
M3
M0
M5
5101
4601
0
2
4 km

Pest

DIE STÄDTISCHE ABFALLVERWERTUNGSANLAGE

①

Ein wahrhaft spektakulärer Besuch

1151 Budapest, 10–12 Mélyfúró utca
fkf.hu/letesitmeny-latogatas
Besichtigung nur im Rahmen einer Gruppenführung (Infos siehe Website)
Bus: Linie 125 – Haltestelle Hulladékhasznosító mű

Die städtische Abfallverwertungsanlage und ihr 120 Meter hoher Schornstein wurden zwischen 1977 und 1981 am Ende der Mélyfúró utca errichtet. Die Anlage kann nur im Rahmen einer Gruppenführung besichtigt werden – ein wahrhaft spektakuläres Erlebnis, das man nicht verpassen sollte! Fast 60 Prozent des städtischen Mülls – über 400 000 Tonnen pro Jahr – werden hier verbrannt, um Wärme und Strom für die Öffentlichkeit zu erzeugen. Während der Führungen können die Gäste den gesamten Verarbeitungsprozess mitverfolgen: die Entleerung der Müllwagen, den Baggerkran, der fünf Tonnen Abfall heben kann, die Verbrennungsöfen, den Kontrollraum und den Umgang mit Abfall und Rauch. Zur Anlage gehört auch ein kleines Museum (eröffnet 1985), in dem alle möglichen Objekte ausgestellt sind, die mit Müllverarbeitung in Verbindung stehen: Abfalltransporter und Wasserwagen, alte, nicht motorisierte Geräte und Werkzeuge sowie ein alter Abfallbehälter. Eines der ältesten Exponate ist ein Rába-Wasserwagen mit Holzrädern, der ab dem Jahr 1910 in Gebrauch war. Der Bediener, der hinten auf dem Wagen saß, kommunizierte über eine Sprechmuschel mit dem Fahrer. Ein ganz besonderes Exponat ist das Fahrzeug, das bis heute für die Reinigung des Budaer Burgtunnels genutzt wird.

ISTVÁNTELEK

②

Die postapokalyptische Atmosphäre eines Zugfriedhofs

1045 Budapest, 5–7 Elem utca
Besichtigung nur im Rahmen einer Führung (Anmeldung siehe Website)
mavrailtours.hu
Zug: MÁV – Bahnhof Istvántelek; Bus: Linie 121 – Haltestelle Istvántelki út/Elem utc

Das weitläufige Gelände der Ungarischen Staatsbahn in Istvántelek (4. Bezirk von Budapest) – einst ein wichtiger Stützpunkt für die Wartung von Eisenbahnfahrzeugen – gleicht heute einem Friedhof von Dampflokomotiven und alten Zugwaggons. Seine einzigartige, fast postapokalyptische Atmosphäre zieht viele „illegale" Stadtentdecker und legale Besucher an, die das Gelände im Rahmen einer Führung besichtigen.

Als die Stadt wuchs, wurde der Bahnhof Nyugati zum Ärger der Einheimischen immer stärker frequentiert. Gegen Ende des 19. Jahrhunderts hatten die Leute den Rauch und Lärm der Dampfzüge satt. Das relativ kleine Bahnhofsgelände war nicht groß genug, um die notwendigen Wartungsarbeiten durchzuführen. Um dieses Problem zu lösen, wurde die Instandhaltung an einen größeren Standort in Istvántelek verlegt, wo im Jahr 1901 die Bauarbeiten begannen. Der Bahnhof Nyugati blieb an seinem alten Standort.

Im Jahr 1902 wurde die Wartungshalle für Waggons fertiggestellt, ein Jahr später folgte eine ähnliche Wartungshalle für Lokomotiven. Die Anlage wurde am 1. Juni 1904 eröffnet.

In der Zeit des Sozialismus wurde das Gelände nach dem kommunistischen Politiker Jenő Landler – dem Direktor der Staatseisenbahnen – benannt. Im Jahr 1992 wurde die Anlage geschlossen, und man nutzte nur noch einen kleinen Teil für Lager- und Wartungszwecke. Die beiden Wassertürme (einer davon kann besichtigt werden) wurden im Jahr 2011 renoviert.

Leider ist das Dach der Wartungshalle für Zugwaggons mittlerweile in so schlechtem Zustand, dass der Zutritt zur Halle strengstens verboten ist. Die Wartungshalle für Lokomotiven, in der noch kleinere Reparaturen an Schmalspurbahnen und Restaurierungsarbeiten für das Verkehrsmuseum durchgeführt werden, kann jedoch besichtigt werden. Zu den Fahrzeugen, die dort gelagert werden, gehören eine Lokomotive der Baureihe 301 (die größte ihrer Zeit), eine ungarische Lokomotive der Baureihe 424 mit einem riesigen roten Stern auf der Vorderseite, Bahnpostwagen, Spezialfahrzeuge, z. B. eine Lokomotive mit einem Flammenwerfer auf der Vorderseite, die zur Bekämpfung von Frost und Schnee eingesetzt wurde, ein „lächelnder" Wagen, der für die Kindereisenbahn (s. S. 166) gebaut wurde, eine feuerfreie Dampflokomotive, die nur mit Dampf befüllt wurde, damit sie in eine Alkoholfabrik einfahren konnte, und Dutzende weiterer historischer Wunderwerke.

DAS SCHMETTERLINGSMUSEUM ③

Tausende von Insekten und andere exotische Relikte in einem Gebäude

1041 Budapest, 26 Dessewffy utca – Újpest
ujpestilepkemuzeum.hu
Di–Fr 10–16 Uhr, Sa–So 10–17 Uhr, Führungen möglich
Tram: Linien 12, 14 – Haltestelle Szülőotthon; Bus: Linie 96 – Haltestelle Szülőotthon; oder Linien 20E, 96, 220 – Haltestelle Újpesti rendelőintézet

Das Schmetterlingsmuseum in Újpest ist eines der kleinsten Museen Ungarns: Es beherbergt über 2000 Exponate in einem einzigen Raum.

Das Museum wurde im Jahr 2003 von György Juhász (1945–2015) gegründet, der 40 Jahre lang die Welt bereiste und Schmetterlinge, Insekten, Strandschnecken, Muscheln, Fossilien und Mineralien, aber auch kulturelle Artefakte, Fotografien und andere interessante Objekte sammelte. Die wahrhaft globale Ausstellung umfasst Objekte aus so weit entfernten Regionen wie Papua-Neuguinea, Israel, Bolivien, Indien, den Regenwäldern Venezuelas und den Wüsten Afrikas.

Die Besucher des Museums werden vom Skelett eines Bären – dem größten Exponat der Sammlung – empfangen ... aber die Hauptattraktion sind eindeutig die Schmetterlinge. Die unglaubliche Vielfalt an Arten gibt einen wunderbaren Einblick in die intensiven Farben und Muster der Natur. Die Flügel eines der Schmetterlinge sind aus einem Blickwinkel violett, aus einem anderen schimmern sie gelb. Die Männchen sind in der Regel bunter als die Weibchen, und tagaktive Schmetterlinge sind im Allgemeinen heller als nachtaktive Arten.

Das Museum zeigt nur ein Fünftel der Sammlung – teils aus Platzmangel, teils weil einige Schmetterlinge, wie z. B. die Victoria, vor Licht geschützt werden müssen. Im Karpatenbecken sind insgesamt 179 Schmetterlingsarten registriert – jede davon ist in der Sammlung des Museums enthalten.

Wirklich einzigartig ist die Fortpflanzung der Schlupfwespe (ebenfalls in der Sammlung enthalten), die auch als Darwin-Wespe bekannt ist. Das Weibchen legt seine Eier in den Körper einer Vogelspinne oder eines anderen Beutetiers, und aus den Eiern schlüpfen fleischfressende Larven, die ihren Wirt von innen auffressen. Diese Art der Fortpflanzung diente als Inspiration für die *Alien*-Horrorfilme.

Die lichtreflektierenden Eigenschaften einiger Schmetterlingsflügel sind so stark, dass sie früher sogar als Sicherheitsfaktor auf US-Banknoten verwendet wurden.

DAS SOZIALISTISCHE WAPPEN VON BUDAPEST

④

Ein Symbol, das die letzten drei Jahrzehnte überdauerte

Rathaus Újpest
1041 Budapest, 14 István út
Metro: Linie M3 – Station Újpest-Központ

Es mag seltsam wirken, aber das Rathaus von Újpest – dem 4. Bezirk von Budapest – ist mehrere Jahrzehnte nach dem Ende der sozialistischen Epoche noch immer mit dem Budapester Wappen aus der Zeit vor 1990 geschmückt. Das Wappen trägt einen roten Stern in der Mitte und befindet sich unter dem rechten Turm der Vorderfassade. Bevor 1950 das heutige Budapest entstand, war Újpest eine unabhängige Stadt. Ende des 19. Jahrhunderts, als die Bevölkerung der Stadt wuchs, war ein neues Rathausgebäude vonnöten. Im Jahr 1898 gab es eine Ausschreibung, die die Architekten Henrik Böhm und Ármin Hegedűs gewannen, und das Rathaus wurde sehr schnell erbaut. Es wurde im Jahr 1900 eröffnet und beherbergte nicht nur die Gemeindeverwaltung von Újpest, sondern auch ein Gericht und ein Gefängnis. Die Fassade weist in Stein gehauene Jugendstilelemente und kunstvolle Ziegelschichten auf und wird von einer Statue des Roland gekrönt, des legendären fränkischen Helden, der unter Karl dem Großen kämpfte. Nach der Gründung von Groß-Budapest im Jahr 1950 wurde das Gebäude mit dem sozialistischen Wappen von Budapest „aufgewertet", welches das Wappen der Familie Károlyi, der Gründer von Újpest, ersetzte. Nach 1990 wurden die sozialistischen Symbole (Dekorationselemente an Gebäuden, rote Sterne, Statuen usw.) aus den Straßen von Budapest entfernt. Aus unbekannten Gründen blieb dem Rathaus von Újpest jedoch das alte Wappen erhalten.

Eine geheimnisvolle Uhr

Ein geheimnisvolles Element des Rathauses ist die Uhr, die in der Mitte der Fassade prangt. Die Baupläne aus dem Jahr 1898 zeigen eine echte Uhr, aber als das Gebäude im Jahr 1900 fertiggestellt wurde, befand sich keine richtige Uhr an der Fassade. Stattdessen wurde eine Uhr aus Stein gemeißelt, die geheimnisvolle Buchstabenkombinationen aufweist: CsL, FT, MJ und BL an den Viertelpunkten und HJ in der Mitte. Bislang konnte noch kein Historiker die Bedeutung dieser Buchstaben ergründen.

Weitere Relikte aus der Epoche des Sozialismus

- Das Tor am Széll Kálmán tér 3. Es ist mit einem Mosaik geschmückt, das an den alten Namen des Platzes – Moszkva tér („Moskauer Platz") – erinnert. Das Mosaik, das 100 x 80 cm groß ist und den Roten Platz mit dem Kreml zeigt, wurde im Jahr 1952 hier angebracht, nachdem der Platz im November 1951 von Széll Kálmán tér in Moszkva tér umbenannt worden war.
- An der Vorderfassade des MOM-Kulturzentrums – auf der Seite der Fußgängerpromenade – ist ein Wandbild aus Metall zu sehen. Es zeigt einen Industrieschornstein, einen Traktor, Arbeiter, Hammer und Sichel und eine Ernteszene: alles Motive aus dem Kommunismus.
- An der Ecke der Straßen Vámház körút und Királyi Pál utca steht ein Straßenschild mit der Aufschrift „Tolbuchin körút". Es bezieht sich auf Fjodor Iwanowitsch Tolbuchin, einen Militärkommandanten und Marschall der Sowjetunion.

DIE STATUE DES KÄMPFERS DER UNGARISCHEN ROTEN ARMEE

⑤

Ein Andenken an die Ungarische Sowjetrepublik

1042 Budapest, Szabadság Park
Metro: Linie M3 – Station Újpest-Városkapu

Vor dem Szabadság-Park thront die Statue *Kämpfer der Ungarischen Roten Armee*: Die 2,5 Meter große Figur, die auf einem vier Meter hohen Sockel steht, ist kein wirklicher Geheimtipp, aber nur wenige wissen, wofür sie steht: Die Skulptur, die am 21. März 1959 enthüllt wurde, erinnert an den 40. Jahrestag der Ausrufung der kurzlebigen Ungarischen Sowjetrepublik (siehe gegenüberliegende Seite). Die Skulptur wurde von dem Bildhauer Tamás Gyenes (1920–1963) geschaffen, einem beliebten Künstler seiner Epoche, der Sockel wurde von József Schall (1913–1989) entworfen. Die Figur stellt einen kämpferischen Soldaten der Roten Armee dar, der vorwärtsschreitet und sein Gewehr in die Höhe hält. Der Sockel trug einst die Inschrift „*MAGYAR VÖRÖSHADSEREG HARCOSA*" („KÄMPFER DER UNGARISCHEN ROTEN ARMEE"), die jedoch nicht mehr vorhanden ist. Nach 1990 wurden viele kommunistische Statuen und Denkmäler aus den Straßen von Budapest entfernt. Zu dieser Statue erklärten die Historiker jedoch, dass die Soldaten der Ungarischen Roten Armee für ihr Land kämpften und oft auch nach dem Fall der Ungarischen Sowjetrepublik Soldaten blieben, sodass ihr Dienst an der Nation von größerer Bedeutung sei als der Umstand, dass sie in der Roten Armee gedient hatten. Und so machte man bei dieser Statue eine Ausnahme: Sie wurde weder zerstört noch an einen anderen Ort versetzt.

Was war die Ungarische Räterepublik von 1919?

Die Ungarische Räterepublik war ein kurzlebiges politisches Regime in Ungarn, das vom 21. März bis zum 1. August 1919 bestand. Ungarn war damit nach der Gründung Sowjetrusslands im Jahr 1917 das zweite Land in der Geschichte, das eine kommunistische Regierung hatte. Die Ungarische Räterepublik währte nur 133 Tage und brach zusammen, als französische, rumänische, serbische und nationalistische Truppen Anfang August 1919 die Stadt Budapest besetzten. Zuvor war am 16. November 1918 von Graf Mihály Károlyi die Republik Ungarn ausgerufen worden, die der ungarischen Monarchie ein Ende setzte und die Beziehungen zwischen Ungarn und dem ehemaligen Habsburgerreich endgültig beendete. Im November 1918 schlossen sich verschiedene politische Gruppierungen zur Ungarischen Kommunistischen Partei zusammen. Nach dem Ersten Weltkrieg hatte Ungarn beträchtliche Gebietsverluste hinzunehmen, woraus eine tiefe nationalistische Unzufriedenheit entstand. Das Land befand sich in einem völligen Chaos: Die unübersichtliche politische Situation hatte dazu geführt, dass Millionen von Ungarn arbeitslos wurden und in der Folge verarmten, so dass ein großer Teil der Bevölkerung empfänglich für kommunistische Propaganda wurde. Als es zu einer erneuten Forderung nach Gebietsabtretungen kam, trat Mihály Károlyi am 20. März 1919 zurück. Schnell kursierte eine angeblich von ihm unterzeichnete Notiz, in der er ankündigte, dass er „die Macht dem Proletariat übertrage“. Die Kommunistische Partei verbündete sich mit der Sozialdemokratischen Partei und übernahm die Macht. In der Russischen Sowjetrepublik tobte ein Bürgerkrieg, so dass die Rote Armee den Ungarn nicht zu Hilfe kommen konnte. Doch das kommunistische Ungarn wollte seine verlorenen Gebiete um jeden Preis zurückgewinnen und geriet schnell in einen Konflikt mit seinen Nachbarländern. Im April 1919 griffen tschechoslowakische Truppen das kommunistische Ungarn an, um es daran zu hindern, das ehemalige Oberungarn zu übernehmen, dessen Einwohner überwiegend Slowaken waren. Als die ungarischen Truppen die rumänische Armee angriffen (17.–20. Juli), kam es zur Katastrophe: Die französisch-rumänischen Truppen durchbrachen die ungarischen Stellungen und marschierten Anfang August 1919 in Budapest ein, was das Ende des Sowjetregimes in Budapest bedeutete.

DIE MOSAIKE AM EHEMALIGEN DESINFEKTIONSINSTITUT

⑥

Ein altes Zentrum zur Behandlung von Infektionskrankheiten

1138 Budapest, 174 Váci út
Metro: Linie M3 – Station Gyöngyösi utca

Das Desinfektionsinstitut nahe dem Bahnhof Gyöngyösi utca wurde Anfang des 20. Jahrhunderts von Dezső Hönig entworfen. Die schöne Fassade, die man am besten von der gegenüberliegenden Straßenseite aus betrachtet, zeigt dekoratives Mauerwerk mit sehr schön gestalteten Mosaiken und einen großen Abschnitt mit der Aufschrift „Fertőtlenítő Intézet" („Desinfektionsinstitut"). In der alten Anstalt wurden Patienten behandelt, die mit Pest, Cholera, Pocken und Typhus infiziert waren.

Nach ihrer Desinfektion war es den Patienten und dem Personal strengstens untersagt, den „infizierten“ Bereich des Instituts erneut zu betreten. Die Arbeit war in der Tat gefährlich, und zwischen 1910 und 1930 starben dort mehrere Mitarbeiter. Der große Schornstein im Hof gehörte zu einem Ofen, in dem Müll und der Dung infizierter Tiere verbrannt wurden. Im „sauberen“ Bereich des Instituts befanden sich Büros, Werkstätten, Garagen, Ställe, der Heizungsraum, eine Personalküche und ein Speisesaal. Außerdem gab es Wohnungen für den Direktor und einige Mitarbeiter sowie Räume für Schulungszwecke. Die südliche Hälfte des Gebäudes war die „infizierte“ Seite, die nördliche die „saubere“; dazwischen fand die Desinfektion statt. Die Patienten wurden gebadet und behandelt, während ihre Habseligkeiten (Kleidung, Möbel und Matratzen) in großen Kammern mit Dampf und Formalin desinfiziert wurden. Die Kammern sind noch vorhanden, werden aber nicht mehr genutzt. Heute wird das Gebäude vom Nationalen Zentrum für öffentliche Gesundheit verwaltet. Es bietet unter anderem Reiseimpfungen an.

DAS TREPPENHAUS IN DER 38–40 POZSONYI ÚT

7

Hier lebt der Luxus der 1930er-Jahre wieder auf!

1137 Budapest, Pozsonyi út
Führungen möglich (Anbieter von Führungen finden Sie auf Seite 5)
Trolleybus: Linien 75, 76 – Haltestelle Szent István park

Der Bezirk Újlipótváros erlebte Anfang der 1930er-Jahre eine kurze Phase rasanter städtischer Bebauung. Ein steuerlicher Anreiz motivierte die Investoren dazu, die Bauprojekte so schnell wie möglich fertigzustellen, daher wurde ein Großteil der Gebäude aus Stahlbeton errichtet. Für die meisten Grundstücke war eine perimetrische Bauweise vorgeschrieben: Die Gebäude mussten 25 Meter hoch sein und über einheitlich gestaltete Fassaden verfügen. Um die intensive Bebauung des Stadtviertels einzudämmen, wurde der Szent-István-Park angelegt. Die Straßen um den Park herum gehören heute zu den begehrtesten Wohngegenden der Stadt – nicht zuletzt aufgrund der prachtvollen Treppenhäuser und Foyers der Wohngebäude.

Eines der schönsten Treppenhäuser befindet sich in der Pozsonyi út 38–40. Es wurde von der Familie Hatvany erbaut. Im Erdgeschoss befindet sich schon immer ein Café (das über eine wunderschön restaurierte Inneneinrichtung verfügt, die ebenfalls einen Besuch wert ist). Die Marmorbänke im Eingangsbereich, die Namensschilder und die hauseigene Telefonanlage wurden hinzugefügt, um den hohen Status der Mieter zu verdeutlichen.

Zu den Serviceleistungen des Hauses gehörten auch ein Concierge, Fahrstühle, ein Abstellraum für Kinderwagen und ein Belüftungssystem, das frische Donauluft ins Haus brachte. Die zwei Treppenhäuser führen zu einer Dachterrasse.

IN DER UMGEBUNG

42 Pozsonyi út : Das Gebäude wurde von Hofstätter und Domány so entworfen und gebaut, dass es mit dem Haus in der Pozsonyi út 38–40 harmoniert. Das Haus verfügt über marmorverkleidete Innenwände, ein gläsernes Treppenhaus, Emergé-Fußbodenbeläge aus Gummi und kreisförmige Namensschilder, die noch im Original erhalten sind. Der Investor war das Landwirtschaftsunternehmen Hungarian Rabbethge and Giesecke Seed Culture Inc.

44–46 Pozsonyi út: Das Wohnhaus wurde von Béla Málnai entworfen und zwischen 1935 und 1936 gebaut. Der Bauherr war die Rentenanstalt des Ungarischen Allgemeinen Kohlebergbaus. Die oberen Stockwerke haben einen H-förmigen Grundriss, wodurch zwei Innenhöfe entstehen. In einem der Innenhöfe steht ein großer Pflanzenständer, der mit dem Relief eines Bergmanns verziert ist.

DIE DRACHEN IM STADTWÄLDCHEN

8

Die ehemaligen „Eisbrecher" der Kettenbrücke

Stadtwäldchen (Városliget), 1146 Budapest, Városliget
Metro: Linie M1 - Station Széchenyi fürdő

Wenn Sie am nördlichen Ende des Stadtwäldchens (Városliget) den Zoo besuchen, werden Ihnen zwei große, grün bemalte Drachen aus Gusseisen auffallen. Die Augen der Drachen zeigen Kraft und Stärke, ihre Mäuler fauchen bedrohlich, ihre Schwänze sind s-förmig und ihre Zähne scharf. Sie wurden 1856 in der berühmten Eisengießerei von Ignác Schlick gegossen und gehörten zu einer Gruppe von drei Drachenstatuen, die ursprünglich am Pester Ende der Kettenbrücke standen – dem ersten Ladedock der Hauptstadt, wo sie als Eisbrecher dienten. Als der Kai wiederaufgebaut wurde, wurden die Drachen zunächst in den Stadtpark gebracht. Zwei von ihnen kamen in den Zoo, der dritte bewacht den Eingang des Kiscelli-Museums.

DIE BÜSTE VON BÉLA LUGOSI

⑨

Heimlich im Dunkel der Nacht aufgestellt …

Stadtwäldchen (Városliget), 1146 Budapest, Városliget
Metro: Linie M1 – Stationen Hősök tere oder Széchenyi fürdő

An der Südostecke auf der Seeseite der Burg Vajdahunyad steht eine Büste von Béla Lugosi (1882–1956): Der ungarisch-amerikanische Schauspieler wurde durch seine Rolle als Graf Dracula in der Broadway-Show von 1924 und der Verfilmung von 1931 bekannt. Die Büste wird von einer kleinen Teufelsfigur gestützt, die uns daran erinnert, welche Rolle ihn berühmt gemacht hat. Kurioserweise wurde die Büste nicht von der Stadt aufgestellt, sondern tauchte in der Nacht vom 19. Juli 2003 gegen 22 Uhr „heimlich" auf. Der Bildhauer blieb über zehn Jahre lang anonym; die einzigen Hinweise auf den Künstler sind zwei in die Büste gravierte Buchstaben: HZ. Sie verweisen auf den deutschen Bildhauer, Grafiker und Musiker Harmut Zech, der die Statue tief in der Nacht mit seinen Freunden lautlos aufstellte, ganz wie Dracula …

Begraben in einem Dracula-Kostüm

Der unter dem Namen Béla Ferenc Dezső Blaskó geborene Schauspieler Béla Lugosi nahm im Jahr 1903 den Namen Lugosi an, um seinen Geburtsort Lugos (heute Lugoj in Rumänien) zu ehren. Er wurde durch die Rolle des Grafen Dracula weltberühmt und war aufgrund seines starken ungarischen Akzents auf die Rollen als Dracula und „verrückter Wissenschaftler" festgelegt. Der Schauspieler starb 1956 im Alter von 73 Jahren in Los Angeles an einem Herzinfarkt. Auf Wunsch seines Sohnes Béla G. Lugosi und seiner vierten Frau Lillian wurde er in einem Dracula-Kostümumhang beigesetzt.

DAS „FUIT"-GRAB ⑩

Eine Referenz auf ein Gedicht von 1877

Stadtwäldchen (Városliget), 1146 Budapest, Városliget
Metro: Linie M1 – Stationen Hősök tere oder Széchenyi fürdő

Im Stadtwäldchen (im Gebiet zwischen der Ajtósi Dürer sor und der Zichy Mihály út) steht ein geheimnisvoller Steinobelisk, in den das Wort *Fuit* (Lateinisch für „es war") eingraviert ist. Obwohl dieses einfache Wort auf der namenlosen Grabstätte zur Entstehung mehrerer Legenden führte (einige sagen, es sei das Grab eines ungarischen Dichters, der an gebrochenem Herzen starb, andere glauben, es sei die Grabstätte eines ungarischen Aristokraten, der Selbstmord beging), handelt es sich in Wirklichkeit um das Grab von Jakab Horváth – dem Anwalt, der den ungarischen Jakobiner Ignaz Joseph Martinovics bei seinem Gerichtsprozess verteidigte.

In seinem Testament bat Horváth darum, im Stadtwäldchen begraben zu werden. Das Wort *Fuit* bezieht sich auf ein Gedicht namens *Ének a Pesti Ligetről* (*Lied des Stadtparks*), das im Jahr 1877 von János Arany verfasst wurde. Es endet (grob übersetzt) mit der Zeile: „... Dein Name ist nur das, was auf dem Grabstein in diesem Hain steht. Fuit".

Horváth starb im Jahr 1806 (nicht 1809, wie auf dem Stein steht). Das Grab wurde 1928 komplett neu errichtet, und 1995 wurde der Zaun gebaut. Auf der Rückseite des Steinobelisken befindet sich eine kurze Erläuterung (auf Ungarisch). Jedes Jahr am Ostersonntag bringen die örtlichen Bürgervereine Blumen zum Grab und eröffnen damit die Sommersaison des Parks.

DIE EINSTIGE BRÜCKE DER METROLINIE M1

⑪

Eine Brücke, die ins Nirgendwo führt

Stadtwäldchen (Városliget), 1146 Budapest, Városliget
Metro: Linie M1 – Stationen Hősök tere oder Széchenyi fürdő

In der Gegend zwischen dem Heldenplatz und dem See taucht eine kleine, geheimnisvolle rot-weiße Brücke auf, die nur eine flache Grasfläche überspannt.

Als sie erbaut wurde, verlief die heutige Metrolinie M1 hinter dem Heldenplatz wieder oberirdisch und endete in der Nähe des Zoos und des Széchenyi-Heilbades. Die von Róbert Wünsch entworfene Brücke wurde damals als Gleisüberführung errichtet.

Als Budapest im Jahr 1973 sein einhundertjähriges Bestehen feierte, wurde die Linie M1 bis zur Mexikói út verlängert: Die alte Endstation wurde nicht mehr genutzt und die Gleise wurden entfernt, was die Brücke überflüssig machte. Die 1896 erbaute Brücke ist eine der ältesten Stahlbetonbrücken Ungarns und steht unter Denkmalschutz.

DIE STATUE EINER FRAU

⑫

Eine Braut, die zu Stein wurde

1146 Budapest, 61 Thököly út
Bus: Linien 5, 7, 110, 112 – Haltestelle Stefánia út / Thököly út

Wenn Sie den Balkon des Hauses in der Thököly út 61 genau betrachten, werden Sie dort eine geheimnisvolle Frauenbüste entdecken. Das Haus wurde im Jahr 1912 von dem Nähmaschinenhändler Manó Pápai für seine Tochter Irén und deren Ehemann, den Rechtsanwalt Dr. Jenő Preszler, gebaut und von dem Architekten Lajos Ybl (einem Verwandten von Miklós Ybl) entworfen. Lajos Ybls Sohn Ervin studierte in Frankreich, wo er auch das Palais Jacques-Cœur in Bourges besichtigte, dessen Eingang von zwei Steinskulpturen bewacht wird. Ervin zeigte seinem Vater Fotos der Skulpturen; daraufhin schlug der Architekt eine ähnliche Statue für die neue Villa in der Thököly út vor.

Die Familie Pápai war von der Idee sehr angetan und bat den Bildhauer Miklós Ligeti, die Statue anzufertigen. Im vergangenen Jahrhundert rankten sich um die geheimnisvolle Frauenskulptur viele Legenden. Ein Journalist schrieb, dass der Ehemann der Frau in den Krieg geschickt wurde und sie stundenlang auf dem Balkon saß und auf eine Nachricht von ihm wartete. Als sie erfuhr, dass ihr Mann im Krieg getötet worden war, starb die Frau auf dem Balkon. In einer anderen Version stellte sich die Todesnachricht als falsch heraus, und der zurückgekehrte Ehemann ließ die Statue zum Gedenken an seine Frau aufstellen. Einer Version des Schriftstellers Milán Füst zufolge winkte die Frau ihrem Mann von diesem Balkon aus zu, wenn er morgens mit der Straßenbahn zur Arbeit fuhr. Als sie starb, ließ der Ehemann die Statue ihr zu Ehren aufstellen.

Man sollte die Statue im Frühjahr oder Herbst besichtigen, wenn sie nicht vom Laub der Bäume verdeckt wird.

DACH UND DEKORATION DES GEOLOGISCHEN UND GEOPHYSIKALISCHEN INSTITUTS

⑬

Jugendstil in Blau

1143 Budapest, 14 Stefánia út – Eingangshalle kostenlos zugänglich
Die Innenräume können an den Europäischen Tagen des Denkmals im September besichtigt werden
Trolleybus: Linie 75 – Haltestelle Egressy út / Stefánia út

Das eindrucksvolle Geologische und Geophysikalische Institut wurde von 1898 bis 1900 von dem Architekten Ödön Lechner in einem Mix aus Jugendstil und traditioneller ungarischer Volkskunst errichtet. Es besticht vor allem durch sein atemberaubendes Dach, das in verschiedenen Blau- und Türkistönen gedeckt ist und dadurch fast nahtlos mit dem Himmel zu verschmelzen scheint. Ganz oben auf dem Dach sitzen vier Statuen, die Atlas darstellen und eine Weltkugel auf ihren Schultern tragen. Die Fassaden sind ebenfalls mit Kacheln verkleidet, und die Fenster mit Keramikintarsien in leuchtendem Blau versehen. Die floralen Muster sind von der transsilvanischen Architektur und von den dekorativen Mustern József Huszkas (1880er-Jahre) inspiriert.

Das prachtvolle Gebäude steht in der Nähe des Blindeninstituts: Rechts vom Haupteingang sind kleine, ertastbare Keramikplatten in die Ziegelmauern integriert, die es auch sehbehinderten Menschen ermöglichen, das Werk Lechners zu erleben. Mit ihren fließenden Mustern und den bogenförmigen Wänden und Fenstern erweckt die Eingangshalle (die für Besucher frei zugänglich ist) den Eindruck einer Höhle, die mit farbenfrohen Malereien verziert ist. Die Innenräume, die auch eine kleine Ausstellung über die Geologie Ungarns beherbergen, können während der Europäischen Tage des Denkmals im September besichtigt werden.

DIE CALVINISTENKIRCHE IN DER VÁROSLIGETI-FASOR-ALLEE

14

Eine grandiose Mischung verschiedener Architekturstile

1071 Budapest, 5 Városligeti fasor
fasor.hu (mit Veranstaltungsprogramm)
Besichtigung: sonntags vor dem Gottesdienst, der um Uhr beginnt
Metro: Linie M1 – Station Kodály Körönd

Die außergewöhnliche Calvinistenkirche in der Városligeti-fasor-Allee 5 wurde 1913 von Aladár Árkay errichtet. Die Kirche ist eine grandiose Kombination aus verschiedenen Baustilen: der finnischen und transsilvanischen Volksarchitektur, der britischen Arts-and-Crafts-Bewegung und dem Inneneinrichtungsstil von Otto Wagner. Der wohlhabende Juwelier Adolf Laky, der an der Restaurierung der königlichen Krone mitwirkte, spendete 300 000 Kronen für den Bau der Kirche. Der robuste Glockenturm und die Hauptfassade werden durch paarweise angeordnete kleine Fenster akzentuiert. Der breite Torbogen am Vordereingang ist von zahlreichen Majolika-Fliesen umgeben, die in der Fabrik Zsolnay angefertigt wurden. Die Keramik und die Innenausstattung sind von volkstümlichen Mustern aus der ungarischen Tradition inspiriert und können als Vorläufer des Art-déco-Stils angesehen werden. Árkay ließ sowohl die Fassaden als auch die Innenarchitektur der Kirche im Jugendstil erbauen; auch die Beleuchtung, die Sitzbänke, das Muster der Wanddekorationen und die Buntglasfenster sind in diesem Stil gehalten. Die Fenster wurden

von Miksa Róth, dem berühmtesten Glas- und Keramikkünstler jener Epoche, angefertigt. Der Grundriss des Gebäudes gleicht einem Kreuz, das in der Mitte von einer großen Kuppel überspannt wird. Der Turm sollte ursprünglich genau auf der anderen Seite des Gebäudes erbaut werden. Der Direktor des benachbarten Herczel-Sanatoriums überzeugte den Architekten jedoch davon, den Grundriss zu ändern und den Turm an seine heutige Position zu verlegen.

Miksa Róth (1865–1944) trat in die Fußstapfen seines Vaters, wurde Glasmacher und gründete im Jahr 1885 sein eigenes Unternehmen. Er schuf nicht nur Glaskunstwerke, sondern stellte ab 1897 auch Keramiken her. Er fertigte auch die größte Mosaikfliese Budapests an, die sich heute auf dem Szervita tér befindet. Seine Werke, die von historischen Epochen wie dem Jugendstil und dem Art déco inspiriert sind, zieren viele berühmte Gebäude in Budapest und ganz Ungarn – so zum Beispiel das Parlamentsgebäude, den Gresham-Palast und die Liszt-Musikakademie.

DIE MINISTATUE VON PU DEM BÄREN

15

Das Haus, in dem der Übersetzer von Pu der Bär *geboren wurde*

27 Damjanich utca; Trolleybus 70 – Nefelejcs utca

An der Fassade des Gebäudes in der Damjanich utca 27 befindet sich eine kleine Skulptur, die Pu den Bären darstellt. In diesem Haus wurde nämlich 1887 der Schriftsteller, Dichter und Übersetzer Frigyes Karinthy, der das berühmte Kinderbuch von A. A. Milne ins Ungarische übersetzte, geboren.

DAS FOYER DES KRANKENHAUSES (16) UND GESUNDHEITSZENTRUMS IN DER PÉTERFY SÁNDOR UTCA

Luxuriöse Gesundheitsversorgung seit den 1930er-Jahren

1076 Budapest, 8-20 Péterfy Sándor utca
Unter der Woche 7–19 Uhr
Trolleybus: Linien 73, 76, 79 – Haltestelle Péterfy Sándor utca

Das moderne Glasfoyer des Krankenhauses und Gesundheitszentrums in der Péterfy Sándor utca ist ein wunderschönes Bauwerk, das typisch für den Stil und die Funktionalität der 1930er-Jahre ist. Leider ist es nur den Leuten bekannt, die das Krankenhaus nutzen. Der Architekt Dr. Dezső Hültl entwarf das Gebäude nach praktischen Gesichtspunkten: Seine Priorität bestand darin, die Arztpraxen und Abteilungen des Krankenhauses logisch anzuordnen, damit sich die vielen Menschen, die das Gebäude später nutzen würden, effizient darin bewegen könnten. Obwohl ästhetische Kriterien bei seinem Entwurf nicht im Mittelpunkt standen, wurden sie doch nicht vernachlässigt: Dezső Hültl erhielt für das Design des Krankenhauses den Meisterpreis des Verbandes der Ungarischen Architekten. Aufgrund der architektonischen Anordnung der Treppen und der edlen Steinverkleidungen wurde das Foyer als Kunstwerk betrachtet.

Der Bau des Gebäudes begann im Jahr 1932; bis 1943 wurden neben dem Hauptgebäude auch mehrere Nebengebäude errichtet. Zwischen 1929 und 1949 wurde das Krankenhaus von der MABI (Magánalkalmazottak Biztosító Intézete – der Versicherungsanstalt für Privatangestellte) betrieben.

Zwei Abschnitte des Foyerdachs wurden auf Gleitschienen gebaut: So konnte das Dach im Sommer zur Belüftung geöffnet sowie im Winter geschlossen und beheizt werden, um eine Schneedecke darauf zu verhindern.

IN DER UMGEBUNG

Die Ministatue der Arche Noah (17)

In der Nähe des Krankenhauses kann man zwei Ministatuen von Mihály Kolodko (siehe auch Seite 28) besichtigen. Eine von ihnen steht in der Nähe des Spielplatzes am Bethlen Gábor tér und stellt die Arche Noah dar. Die alttestamentarische Geschichte von der Rettung der Tiere wurde ausgewählt, weil sich in der Gegend eine Status-quo-ante-Synagoge und die Universität für Tiermedizin befinden.

DIE MOSAIKEN IN DER NÉPSZÍNHÁZ UTCA

(18)

Das größte Mosaik von Budapest stellt den himmlischen Ursprung des Bieres dar

1081 Budapest, 22 Népszínház utca
Metro: Linie M4 – Station II. János Pál pápa tér

Unter dem überhängenden Dach des Gebäudes in der Népszínház utca 22 (etwa auf halber Strecke zwischen dem Blaha Lujza tér und dem II. János Pál pápa tér) befindet sich das größte Mosaik der Stadt. Es hat eine Größe von etwa 60 Quadratmetern und besteht aus drei Mosaikplatten, die den himmlischen Ursprung des Bieres darstellen. In der Mitte des Mosaiks kommt Gambrinus, der König des Bier-

brauens, auf einem mit Bierfässern gefüllten Wagen angeritten, der von weißen Pferden gezogen wird. Auf beiden Seiten versammeln sich Menschen, denen das schäumende Gebräu entgegenströmt. Die dekorativen Schnitzarbeiten an der unteren Fassade zeigen Hopfen und Gerste, die wichtigsten Zutaten der Bierherstellung.

Das Haus wurde 1906 von Polgári Serfőzde in Auftrag gegeben, einem der großen Brauereiunternehmen, die einst in Budapest ansässig waren. Der Architekt war Emil Vidor, der auch die Fabrikgebäude der Brauerei entwarf. Das Mosaik zu Ehren des Bieres ist eines der unbekannteren Werke von Miska Róth, der auch mit dem Maler Andor Dudits zusammenarbeitete.

Im Jahr 2019 wurden die letzten Restaurierungsarbeiten an dem Mosaik abgeschlossen. Viele Fliesen mussten einzeln nachgefertigt werden, denn die Auswahl an Fliesen ist heute bei weitem nicht so groß wie in der Zeit von Róth. Einige Fliesen wurden sogar aus Venedig importiert.

DIE MARTSA-ATELIERS

(19)

Eine kleine, bezaubernde Künstlerkolonie

1084 Budapest, 37 József utca
martsamuterem@gmail.com – martsamuterem.hu
Terminvereinbarung per E-Mail, Besichtigung auch im Rahmen von Veranstaltungen zu den Europäischen Tagen des Denkmals im September möglich
Tram: Linien 4, 6 – Haltestelle Harminckettesek tere; Bus: Linie 9 – Haltestelle Muzsikus cigányok parkja; oder Linie 99 – Haltestelle Mátyás tér

Die Martsa-Ateliers liegen versteckt in einem charmanten Hinterhof und beherbergen seit dem Jahr 1901 Künstlerinnen und Künstler. Sie umfassen eine Werkstatt, ein Künstleratelier und einen hübschen kleinen Garten, die nach vorheriger Terminvereinbarung besichtigt werden können. Der erste Künstler, der einzog, war der Bildhauer Géza Maróti, der vor allem für seine Arbeiten an öffentlichen Gebäuden bekannt ist. Dutzende weiterer Maler, Fotografen und Bildhauer haben hier von Zeit zu Zeit gearbeitet.

1949 zog der Bildhauer István Martsa in das Gebäude ein. Seine Frau Ilona M. Szűcs erforschte und veröffentlichte die Geschichte des Bauwerks und der Unternehmen, die einst an dieser Stelle ansässig waren. Ihr ist es zu verdanken, dass das Gebäude im Jahr 2011 unter Denkmalschutz gestellt wurde. Heute verwaltet die Familie Martsa noch immer die Ateliers und den Hinterhof.

Die Ateliers wurden erstmals von Béla Seenger genutzt, der mit Hilfe lokaler Handwerker Steinmetzarbeiten für zahlreiche Bauprojekte in Budapest lieferte. Im Jahr 1876 erwarb er das Grundstück in der Tavaszmező utca 6 und verlegte sein Geschäft dorthin. Drei Jahre später kaufte er das Grundstück in der József utca 37 und errichtete dort eine weitere Steinmetzwerkstatt. Das Haus an der Straßenfront wurde im Jahr 1899 erbaut. Seenger lieferte Steinmetzarbeiten für die Oper, für zahlreiche Gebäude in der Andrássy út und für die Innenarchitektur des Parlamentsgebäudes, um nur einige zu nennen. Zu Beginn des 20. Jahrhunderts verlegte Seenger seine Werkstatt nach Buda.

An der Wand des ersten Ateliergebäudes befinden sich Steinarbeiten, die auf die Auszeichnungen hinweisen, die in den 1930er-Jahren an die „Tapferen von Miklós Horthy" vergeben wurden. Horthy war bis 1944 das Staatsoberhaupt des Landes; die Tapferen – oder Ritter – waren die Männer, die mit dem Vitézi Rend (dem Verdienstorden der Tapferen) ausgezeichnet wurden. Die Steine, die im Jahr 2010 hier entdeckt wurden, waren ursprünglich bunt; die, die man heute hier sieht, sind fehlerhaft. Sie sollten ursprünglich in ein Straßenpflaster integriert werden. Viele tragen die Markierungen ihrer Hersteller.

DAS TREPPENHAUS DES *HOTEL KOZMO*

20

Das größte Treppenhaus der Stadt

Ehemaliges József-Fernmeldeamt – 1082 Budapest, Horváth Mihály tér
Bus: Linie 9 – Haltestelle Horváth Mihály tér; Trolleybus: Linien 72, 83 – Haltestelle Horváth Mihály tér

Das Luxushotel *Kozmo*, das sich im ehemaligen József-Fernmeldeamt befindet, verfügt über zwei wunderschöne Architekturelemente: ein atemberaubendes Treppenhaus, das die Hotelgäste, die nur den Aufzug nutzen, gar nicht bemerken, und die schönen Fassadenreliefs, die die Ver-

gangenheit des Gebäudes widerspiegeln. Das ehemalige Fernsprechamt wurde von dem Architekten Rezső Vilmos Ray entworfen und im Jahr 1915 von Szilárd Zielinszky aus Stahlbeton erbaut.

Das Herzstück des Gebäudes – die einläufige Treppe – hat eine Breite von elf und eine Länge von 50 Metern; damit ist sie größer als die Haupttreppe des Parlaments. Dass die Treppe so großzügig angelegt wurde, hat folgenden Grund: Um die Telefonanrufe zu verteilen, mussten die Verbindungsstecker per Hand mit den Schaltschränken verbunden werden. Die beiden großen Vermittlungshallen waren von unzähligen Drähten und Kabeln umgeben, was sie in Bezug auf Brandschutz zu einem gefährlichen Arbeitsplatz machte. Das breite Treppenhaus sollte im Fall eines Brandes einen schnellen Fluchtweg für die Angestellten bieten.

Eine symbolreiche Fassade

An der rechten Fassade des Gebäudes befinden sich vier Reliefs, die Symbole für den Post- und Kommunikationsdienst enthalten: eine Taube mit einem Briefumschlag in den Krallen, ein geflügeltes Rad mit einem Horn darüber, das die Zusammenarbeit zwischen Post und Bahn symbolisiert, ein Horn unter der Königskrone und eine Schlange, die sich um einen Briefkasten windet. Über dem Haupttor steht ein Kind, das ein Horn in der einen und einen kleinen Globus in der anderen Hand hält; vielleicht hat sich der Bildhauer Ignác Langer einen jungen Hermes vorgestellt. In der Nähe befindet sich ein Engel mit einer Antenne in der Hand, und an der Ecke des Gebäudes sind Porträts von Tivadar und Ferenc Puskás zu sehen: Tivadar entwarf das erste europäische Fernmeldeamt und gründete die „Telefonzeitung" *Telefon Hírmondó*, sein Bruder Ferenc eröffnete das erste Fernmeldeamt in Budapest. Unten an der Fassade befindet sich ein großes Relief, das zwischen 1912 und 1913 von István Damkó geschaffen wurde: Es zeigt eine allegorische Darstellung der Kommunikation mit frühen Strommasten.

IN DER UMGEBUNG

Die Ministatue des Erdmännchens (21)

Der Zaun des Grundstücks in der Bókay János utca 53–54 hat eine Besonderheit: Auf ihm steht eine kleine Statue (siehe Seite 128), die ein niedliches Erdmännchen darstellt. Der Bildhauer Mihály Kolodko wählte dieses Tier, um auf die Erdmännchen-Stiftung für diabeteskranke Kinder aufmerksam zu machen, die im hiesigen Kinderkrankenhaus tätig ist. Die Ministatue wurde zum 100. Jahrestag der Erfindung des Insulins im Jahr 2022 angefertigt.

JÓZSEF-ERNYEY-BIBLIOTHEK UND ST.-CHRISTIAN-APOTHEKE

(22)

Eine der ältesten Apotheken der Stadt, versteckt hinter Jalousien

1084 Budapest, 3 Mátyás tér
semmelweismuseum.hu
Besuch nur nach Voranmeldung (siehe Website) oder zu Veranstaltungen während der Apothekentage (Juni)
Bus: Linie 99 – Haltestelle Mátyás tér

Die Jalousien der großen Schaufenster sind immer geschlossen, so dass man nicht erkennen kann, was sich dahinter verbirgt. Doch im Erdgeschoss des Gebäudes am Mátyás tér 3 (einem Platz im Herzen des 8. Bezirks) verbirgt sich eine historische Apotheke, die zu den ältesten der Stadt gehört. Sie beherbergt auch eine pharmazeutische Bibliothek.

Das Bauwerk wurde von János Filó (1852–1917) in Auftrag gegeben, der eine herausragende Persönlichkeit der ungarischen Pharmaindustrie war und als Apotheker in der St.-Christian-Apotheke (Szt. Keresztély) arbeitete. Im Inneren des Bauwerks ist eine Schnitzerei des Heiligen Christian zu sehen, die von Porträts von zwei Göttern aus der griechischen Mythologie flankiert wird: Asklepius (der Gott der Heilkunst) und Hygieia (seine Tochter, die Göttin der Gesundheit, Sauberkeit und Hygiene). Die Inneneinrichtung ist noch im Originalzustand und so alt wie das Gebäude selbst. Sie ist im Stil der Neorenaissance gehalten und steht seit 1958 unter Denkmalschutz. Die Schreinerarbeiten stammen von Lajos Valnicsek, dessen schöne Regale mit alten Porzellan- und Glasgefäßen bestückt sind. Die Apotheke wurde am 5. März 1882 im Nachbarhaus eröffnet und am 8. November 1890 in dieses Gebäude verlegt. Später kamen ein Büro, ein Labor, ein Lagerraum, eine Verbandstation sowie Wohnungen für den Apotheker und seinen Assistenten hinzu. Eine interessante Besonderheit des angrenzenden Büros ist das Haustelefon, das am Schreibtisch des Apothekers steht: Es bot einst Verbindungen zu den Wohnungen, zum Labor, zur Verbandstation und zur Küche. Die Apotheke war bis 1978 in Betrieb; nach einer Rundumsanierung wurde sie 1981 als Ausstellungs- und Lesesaal der Bibliothek wiedereröffnet.

József Ernyey und andere Apotheker begannen im Jahr 1896, Relikte aus der Geschichte der ungarischen Pharmazie zu sammeln. Im Jahr 1906 gründete Ernyey die Pharmaziehistorische Sammlung des Ungarischen Apothekerverbandes. Die Sammlung in der hiesigen Bibliothek beruht auf seiner Arbeit.

DAS JÜDISCHE GEBETSHAUS AM TELEKI TÉR

㉓

Das letzte von über 40 jüdischen Gebetshäusern

1086 Budapest, 22 Teleki László tér
telekiter.com
info@telekiter.com
Samstagmorgens geöffnet, bitte bis 9.30 Uhr eintreffen
Tram: Linien 28, 28A, 37, 37A – Haltestelle Teleki László tér oder Linie 24 – Haltestelle Dologház utca

Im 8. Bezirk von Budapest befanden sich einst über 40 kleine jüdische Bethäuser (in der Lujza utca, der Dobozi utca, der Erdélyi utca etc.) sowie jüdische Lebensmittelgeschäfte und Cafés, die koscheres Essen anboten. Die Mutter des weltberühmten Fotografen André Kertész besaß am Teleki tér 6 sogar ein koscheres Kaffeegeschäft. Nach dem Holocaust wurden die meisten Bethäuser der Stadt geschlossen.

Das letzte, das heute noch in Benutzung ist, liegt versteckt im Hof eines alten Wohnblocks am Teleki tér 22. Es ist nur am Samstagmorgen geöffnet. Eine Besonderheit des Bethauses in der Nummer 22 ist seine Ausrichtung auf den sephardischen Ritus. Es wird manchmal auch als Chortkov-Synagoge bezeichnet, eine Referenz an die Gründer der chassidischen Dynastie von Czortków, die aus der galizischen Stadt (heute Tschortkiw in der Ukraine) nach Budapest kamen und das Bethaus errichten ließen.

Zu Beginn des 20. Jahrhunderts wurde hier eine *klojs* (eine Schule zur religiösen Ausbildung erwachsener Männer) eingerichtet. Im hinteren Teil des Hauses wurden zwei Erdgeschosswohnungen zu dem heutigen kleinen Bethaus – dem *stibl* – zusammengelegt. Die Inneneinrichtung ist größtenteils im Originalzustand; einige wenige Stücke wurden aus anderen, heute nicht mehr existierenden Bethäusern in der Nähe hergebracht. Der Toraschrein, die Bima und der *amud* (Lesepult) könnten aus Galizien stammen – sie waren möglicherweise Geschenke des Rabbiners von Czortków. Auch die Wände sind sehenswert: Sie wurden mit Walzen bemalt und weisen deshalb viele verschiedene Muster auf.

Tschortkiw ist auch der Geburtsort von Mayer Amschel Rothschild (1744–1812), dem Gründer der Bankier-Dynastie Rothschild.

Juden gehörten zu Beginn des 19. Jahrhunderts zu den ersten Siedlern in diesem Teil der Stadt. Die meisten von ihnen hatten einen niedrigen sozialen Status und zogen vom Land hierher. Einige kamen aus Galizien nach Budapest – so auch die Gründer des Gebetshauses am Teleki tér. Viele waren von Galizien aus auf der Durchreise, um nach Amerika auszuwandern; sie legten einen Zwischenstopp am Bahnhof im nahe gelegenen Józsefváros ein, um dort Arbeit zu finden und sich das Geld für die Überfahrt nach Amerika zusammenzusparen. In dem Viertel lebten auch viele Kleinhändler und Handwerker, die von dem lokalen Markt am Teleki tér angezogen wurden.

DIE RELIEFS DER SOZIALVERSICHERUNGSANSTALT

(24)

Berufe, die von der Versicherung abgedeckt werden

1081 Budapest, 19 Fiumei út
Mo–Do 8–16 Uhr, Fr 8–13 Uhr – Tram: Linie 24 – Haltestelle Dologház utca

Gegenüber vom Haupteingang des Friedhofs in der Fiumei út wurde in der ersten Hälfte des 20. Jahrhunderts ein großes Bürogebäude für die Abteilung der Kranken- und Rentenversicherung errichtet. Die Hauptfassade ist mit mehreren überraschenden Reliefs geschmückt.

Auch die Haupthalle ist einen Besuch wert: Sie verfügt über ein frühmodernes Design mit schönen geschwungenen Gewölbebögen.

Die Reliefs an der Fassade zeigen Sachverhalte und Berufe, die von der Sozial- und Unfallversicherung abgedeckt werden: Unter den Fenstern des ersten Stockwerks befinden sich 25 verschiedene Reliefs. Um sie alle zu sehen, startet man seinen Rundgang an der Fassade in der Alföldi utca, geht die Fiumei út entlang und biegt dann in die Dologház utca ein.

Die ersten elf Reliefs sind eher allegorischer Natur: Sie stellen das menschliche Leben, die Fürsorge der Versicherung sowie Glück und Pech dar.

Auf zwei Reliefs wird sogar der Tod veranschaulicht.

Die Motive der nächsten 14 Reliefs – die sich am neueren, nördlichen Gebäudeflügel befinden – sind konkreter: Maschinen werden als gefährliche Ursachen von Unfällen oder Tod dargestellt. Auf den Reliefs am Nordflügel sind auch Autos abgebildet. Die Reliefs wurden von vielen Künstlern geschaffen, deren Namen oft unbekannt sind, da die Reliefs keine Signaturen aufweisen.

Der Nordflügel, in dem sich der Kundenservice befindet, ist öffentlich zugänglich. Die Gewölbedecke besteht aus Rothalit-Glas, das in die Löcher eines Stahlbetonnetzes eingesetzt wurde. Das große Bürogebäude ist das letzte große Gemeinschaftswerk der Architekten Marcell Komor und Dezső Jakab.

Der Südflügel wurde im Jahr 1913 erbaut, der Turm und der Nordflügel entstanden im Jahr 1931. Zwischen 2002 und 2004 wurde das Gebäude vollständig renoviert.

Der Turm des ersten „Wolkenkratzers" der Stadt

Als er in den frühen 1930er-Jahren fertiggestellt wurde, bestand der Turm aus 17 Stockwerken und war 75 Meter hoch; seine Spitze war mit markanten Zinnen geschmückt. Damit war das Gebäude der erste „Wolkenkratzer" in Budapest – eindeutig inspiriert von den damaligen Wolkenkratzern in den USA. In den 1950er-Jahren beherbergte der Turm Gerätschaften, die den Sendebetrieb von Radio Free Europe störten. Jedoch erwies sich das Material, das zum Bau des Turms verwendet wurde, als zu schwach, um das Gewicht des gesamten Gebildes zu tragen. Deshalb wurden im Jahr 1969 die obersten fünf Stockwerke des Turms abgerissen.

DAS KOSSUTH-MAUSOLEUM

25

Ein wahrhaft verborgenes Wunder

Friedhof in der Fiumei út – 1086 Budapest, 16–18 Fiumei út
Die Mausoleen sind nur an bestimmten Tagen geöffnet – weitere Informationen auf der Website https://en.nori.gov.hu/
Öffnungszeiten: 7.30 Uhr–Sonnenuntergang (17 Uhr im Winter, 20 Uhr im Frühsommer)
Geführte Besichtigungen sind möglich, weitere Einzelheiten und Öffnungszeiten finden Sie auf der Website
Tram: Linie 24 – Haltestelle Dologház utca

Der große Friedhof in der Fiumei út ist sehr bekannt, doch nur wenige kennen die faszinierenden Innenräume seiner Mausoleen. Das prachtvollste von ihnen ist das Mausoleum des ungarischen Nationalhelden Lajos Kossuth: Es verfügt über einen grünen Sarkophag aus Onyx und eine spektakuläre, mit Mosaikfliesen geschmückte Decke. Diese wurde von Dezső Kölber entworfen und ist mit 23,5-karätigem Gold überzogen. Die Fliesen und die Bleiglasfenster stammen von Miksa Róth. Über dem Eingang des Mausoleums ist das Geburtsjahr von Kossuth vermerkt, über dem Ausgang steht sein Todesjahr. Unter der Fensterreihe befindet sich das Familienwappen der Kossuths. Die kleinen Nebenkapellen beherbergen die Familienmitglieder von Lajos Kossuth.

Da Lajos Kossuth im Exil verstarb, war seine Beerdigung am 1. April 1894 sowohl ein politischer Protest als auch ein historisches Ereignis. Die Anzahl der Sargträger war beispiellos in der Geschichte des Landes, und die Schlange der Trauernden war über fünf Kilometer lang. Sein Mausoleum, das im Jahr 1909 fertiggestellt wurde, ist das höchste Grabgebäude Ungarns und wird auch als Aussichtsturm genutzt.

Die Ausschreibung zur Gestaltung der Gedenkstätte gewannen der Architekt Kálmán Gerster und der Bildhauer Alajos Stróbl. Da man viele Trauergäste erwartete, erhielt das Mausoleum einen Vorder- und einen Hinterausgang, um einen kontinuierlichen Zustrom von Besuchern zu ermöglichen. Der Eingang wird von zwei Steinleoparden bewacht, über denen eine Statue der Hungaria thront. Der Steinbaldachin erinnert an den Parthenon in Athen. Auf der Spitze des Baldachins befindet sich eine Freiheitsstatue, die einen Löwen von seinen Ketten befreit. Dieser Löwe symbolisiert Ungarn in einer allegorischen Darstellung der Revolution und des Unabhängigkeitskrieges von 1848 bis 1849, in dem Kossuth eine wichtige Rolle spielte.

Ein weiteres prachtvolles Grabgebäude ist das Mausoleum des berühmten Politikers Ferenc Deák aus dem 19. Jahrhundert. Es wurde im Jahr 1887 errichtet und ist vom Baustil der Renaissance und von der klassischen griechischen Kunst inspiriert. Die Kuppel des Mausoleums ist mit Kacheln aus der Manufaktur Zsolnay gedeckt; auf ihrer Spitze steht eine Engelsfigur, die einen Kranz und einen Palmenzweig in den Händen hält. Der Innenraum ist mit buntem Marmor und Granit verkleidet. Das Gebäude wurde von 2000 bis 2003 vollständig restauriert.

Die Kuppel des Mausoleums von Mihály Károlyi hat eine einzigartige Akustik. Wenn eine Person in einer Ecke des Gebäudes spricht, kann man ihre Worte in der Ecke gegenüber deutlich hören.

DAS DENKMAL FÜR DEN JÓZSEF ANTALL

(26)

Ein außergewöhnliches Kunstwerk

Friedhof in der Fiumei út – 16–18 Fiumei út – 1086 Budapest, en.nori.gov.hu
Öffnungszeiten: 7.30 Uhr bis Sonnenuntergang (17 Uhr im Winter, 20 Uhr im Frühsommer)
Tram: Linie 24 – Haltestelle Dologház utca

Das Denkmal für József Antall (den ungarischen Ministerpräsidenten, der das Land von 1990 bis 1993 regierte), das im Jahr 1999 auf dem Friedhof in der Fiumei út aufgestellt wurde, ist ein erstaunliches Kunstwerk des Bildhauers Miklós Melocco, das man so noch nicht gesehen hat: Es ist eine Art riesiges Steinzelt mit vier Ecken, aus denen Skulpturen von Reitern und betenden Mönchen ragen. Der Grundgedanke des Denkmals besteht darin, anstelle eines Porträts die Macht des verstorbenen Premierministers darzustellen. Das Denkmal ist auf zwei Achsen aufgebaut: eine Ost-West-Achse mit zwei Reitern, die die weltliche Macht symbolisieren, und eine Nord-Süd-Achse mit zwei Mönchen, die ein Kreuz halten und die kirchliche Macht symbolisieren.

Im Zentrum des Denkmals steht ein schlichtes Grab – ein Symbol für das Zentrum der Macht.

„Das Denkmal für József Antall ist kein bloßes Kulturdenkmal, sondern eine Reflexion über das intellektuelle Erbe von Antall und über die herrschende Macht", sagte Melocco 1997 in einem Interview. Einer der Mönche, der sein Kreuz wie eine Waffe hält, sieht aus wie der Schauspieler Ádám Rajhona, während der andere Mönch dem Architekten Károly Kós ähnelt. Einer der Reiter ist gesichtslos (er fällt gerade „entmachtet" vom Pferd). Der andere Reiter wird prachtvoller dargestellt: Sein Gesicht ist dem des Schriftstellers Endre Gerelyes nachempfunden, der ein Freund des Bildhauers war. Der Stein, der das Grab darstellt, wurde vom Berg Somló hierher gebracht, wo die Familie Antall einst Ländereien besaß; der Efeu stammt aus dem Innenhof des Semmelweiss-Museums, wo József Antall in den 1980er-Jahren als Direktor arbeitete.

DER JÜDISCHE FRIEDHOF AUF DER SALGÓTARJÁNI-STRAẞE

27

Ein stimmungsvoller Friedhof voller Kunstwerke

1087 Budapest, 6 Salgótarjáni utca
zsidotemeto.nori.gov.hu
So–Do 8–16 Uhr (im Winter 8–15 Uhr), Fr 8–14 Uhr
Tram: Linien 37, 37A – Haltestelle Salgótarjáni utca, temető

Neben dem Friedhof in der Fiumei út (siehe vorherige Doppelseite) wurde im Jahr 1874 der kleine und heute fast vergessene Jüdische Friedhof in der Salgótarjáni-Straße eröffnet. Viele berühmte ungarische Juden liegen hier begraben, und viele ihrer Grabmäler – vor allem im westlichen Teil des Friedhofs – sind wahre Kunstwerke. Sie stammen aus Epochen, die von der Klassik über den Jugendstil bis hin zur Moderne reichen.

Da der Friedhof sehr klein ist, war er bereits zu Beginn des 20. Jahrhunderts fast vollständig belegt. Nach dem Krieg begann der Friedhof zu verwaisen, da kaum jemand die Gräber pflegte. Die meisten Grabmäler verfielen und der Friedhof wurde von Pflanzen überwuchert. Trotz jüngster Restaurierungsarbeiten wirkt der Friedhof immer noch verlassen.

Am Zaun hinter dem Beerdigungshaus befinden sich einige der schönsten Grabmäler des Friedhofs: Der große Grabstein mit Adlern auf vier Seiten stammt von der Familie Vázsonyi – der ehemalige Justizminister Vilmos Vázsonyi war der erste jüdische Ungar, der zum Minister ernannt wurde. Ganz in der Nähe befindet sich das Grab von Adolf Temesváry, das mit einem geflügelten Löwen geschmückt ist.

Ein Stück weiter prangt ein großes, schön restauriertes Grabmal mit einem eleganten Säulengang und einem symbolischen Sarkophag, das für die Familie Weiss errichtet wurde: Manfréd Weiss war der Gründer der Industriewerke Manfréd Weiss (der späteren Csepel-Werke) (s. S. 286).

Ein Stück entfernt – auf der anderen Seite des schmalen Weges – klafft ein Bombenkrater aus dem Zweiten Weltkrieg.

Wer an der Wegkreuzung rechts abbiegt, stößt auf das prächtige Mausoleum der Familie Hatvany-Deutsch. Die Familie legte den Grundstein für die ungarische Mühlen- und Zuckerindustrie; ihre Nachkommen waren berühmte Kunstsammler. Der Brauereibesitzer Sándor Hatvany-Deutsch sagte einst: „Einer meiner Söhne ist ein Maler, und der andere ist auch ein Narr". Der Narr war Lajos Hatvany, der Mitbegründer der Literaturzeitschrift *Nyugat*, der mit den Poeten Endre Ady und Árpád Tóth befreundet war und den Dichter Attila József förderte. Sein Bruder Ferenc Hatvany war ein Künstler des Impressionismus.

Der Weg, der hinter den einfachen Grabsteinen nach links verläuft, führt zu einer Gedenkstätte für die Opfer des Ghettos.

In der Nähe des Eingangs steht das schwarze Steingrabmal von Sámuel Goldberger, dem reichsten Mann der Textilindustrie von Óbuda. Auf der linken Seite in der Nähe des Ausgangs befinden sich die Gräber einiger berühmter Persönlichkeiten: Das Jugendstil-Grabmal des Rabbiners Dr. Vilmos Bacher, das mit konturierten Kanten und floralen Mustern verziert ist, stammt aus dem Jahr 1918 und war das letzte Werk des Architekten Béla Lajta. Auch der schlichte flache Grabstein des impressionistischen Malers Adolf Fényes befindet sich hier.

DER GARTEN DER KOMITATE

(28)

Ein vergessenes Erbe des einhundertjährigen Jubiläums der Stadtvereinigung von Budapest

1101 Budapest, Népliget – Metro: Linie M3 – Station Népliget

Der Garten der Komitate wurde anlässlich des einhundertjährigen Jubiläums der Vereinigung von Pest, Buda und Óbuda im Népliget-Park angelegt und am 1. Oktober 1973 feierlich eröffnet.

Der Garten bietet verschiedene Pflanzen, Felsen und Kunstwerke, die die 19 Verwaltungseinheiten Ungarns damals in die Hauptstadt schickten: Schilfrohr aus dem Fertő-Seegebiet, grauer Granit aus der Region Badacsony und vieles mehr. Ein Spaziergang durch den Park ist wie eine

charmante Zeitreise ins Jahr 1973. Die einzelnen Bereiche des Gartens waren ursprünglich durch einen Pfad aus Bahnschwellen – der das nationale Eisenbahnnetz symbolisierte – miteinander verbunden.

Das Geschenk des Komitats Baranya war ein etwa zwei Meter hoher Steinobelisk in geschwungener Form. Das Komitat Fejér schickte einen ähnlichen, etwas einfacher gemeißelten Stein, der die Inschrift „Fejér" trägt: Auf einer Seite des Steins ist das Wappen des Komitats abgebildet, auf der anderen Seite sind die Wappen von Székesfehérvár und Dunaújváros eingemeißelt. Auf einem großen kreisförmigen Relief ist das Komitat Borsod-Abaúj-Zemplén – umgeben von den Wappen der Großstädte – abgebildet; das Relief ist relativ gut erhalten, wahrscheinlich, weil es wegen der vielen Pflanzen, die in der Umgebung wachsen, schwer zu finden ist. Die Holzbänke im Folklorestil, die ursprünglich neben dem Relief standen, sind leider verschwunden. Das Komitat Békés stiftete einen kleinen Brunnen aus drei Steinkugeln, die die drei Kőrös-Flüsse der Region verkörpern. Die Kugeln sind noch vorhanden – das Wasser nicht. Das Geschenk von Veszprém besteht aus mehreren erhöhten Basalt-Steinbetten für die Bäume und repräsentiert die Hügel der Region Badacsony, die durch vulkanische Aktivitäten entstanden sind.

Um die Region Göcsej im Komitat Zala zu repräsentieren, schuf der Bildhauer János Németh ein großes (ca. 320 x 130 cm) Keramik-Wandrelief: Es ist eines der beiden Kunstwerke des Gartens, die restauriert wurden. Auf einer Seite des Reliefs sind vier Menschen (darunter der gekreuzigte Jesus) und zwei Tiere abgebildet, auf der anderen Seite wird das landwirtschaftliche Leben der Region dargestellt. Ein weiteres Kunstwerk des Parks, das bereits restauriert wurde, ist der Betonzaun des Komitats Tolna: Seine fehlenden Teile wurden im Jahr 2011 ersetzt.

Die Baumaßnahmen zum einhundertjährigen Jubiläum (1973) der Vereinigung von Buda, Pest und Óbuda

Für das einhundertjährige Jubiläum der Vereinigung von Budapest wurden zahlreiche Bauprojekte durchgeführt, von denen heute noch viel zu sehen ist. Die Zahnradbahn wurde renoviert und bekam neue Waggons, die noch heute in Betrieb sind. Zum Gedenken an die Baumaßnahmen von 1973 wurde ein kurzer Text in ein großes Felsstück gehauen, das an der Endstation der Bahnstrecke in Városmajor aufgestellt wurde. Die Metrolinie M1 wurde bis zur Mexikói út verlängert. Zuvor verlief die Linie oberirdisch und hatte ihre Endstation am Zoo. Seit 1973 verfügt sie über zwei neue Stationen: Széchenyi fürdő und Mexikói út (an der Station Széchenyi fürdő steht ein Gedenkstein). Die Fabrik Ganz stellte für die Jubiläumsfeier neue Waggons her: Diese einzigartigen Wagen, die wegen der begrenzten Höhe des Tunnels relativ niedrige Decken haben, sind bis heute auf der Bahnstrecke unterwegs. Interessanterweise galt auf der Linie M1 bis zum Jahr 1973 Linksverkehr, obwohl

Ungarn bereits 1941 auf Rechtsverkehr umgestellt hatte, um einheitliche Regelungen mit den Nachbarländern zu treffen. Es gibt nur eine einzige Linie in Ungarn, auf der noch heute Linksverkehr gilt: die HÉV-Linie, die nach Gödöllő führt. In der Jászberényi út, der Árpád út und der Ócsai út wurden Straßenüberführungen gebaut, und die Interag ließ am Szervita tér das erste mehrstöckige Parkhaus seit dem Zweiten Weltkrieg errichten (es wird heute als modernes Bürogebäude genutzt). In der Attila-József-Wohnsiedlung wurde ein neues Kino namens Pest-Buda eröffnet. Außerdem wurden die Kettenbrücke und der Tunnel restauriert: Die Mosaikverkleidung des Tunnels stammt aus dem Jahr 1973.
In dem Gebäude an der Ecke der Straßen Kossuth Lajos utca und Semmelweis utca wurde das Haus der Sowjetischen Kultur und Wissenschaft eröffnet (s. S. 110). Außerdem wurde eine große Ausstellung eröffnet, die die Geschichte Budapests dokumentiert und ein großes Holzmodell des Stadtzentrums zeigt (siehe Foto). Man veröffentlichte eine Budapester Enzyklopädie, und es wurden mehrere Kurzfilme über die Vergangenheit und Gegenwart der Hauptstadt gedreht.

NATIONALBIBLIOTHEK UND MUSEUM FÜR PÄDAGOGIK

29

Der „Märchenpalast" von Budapest

1087 Budapest, 40 Könyves Kálmán körút
Öffnungszeiten: siehe Website
opkm.hu
Metro: Linie M3 – Station Népliget

Das schöne Gebäude in der Könyves Kálmán körút 40, das aufgrund seiner Jugendstil- und Art-déco-Elemente den Spitznamen „Märchenpalast“ trägt, beherbergt die Pflanzensammlung des Naturhistorischen Museums (die leider nicht öffentlich zugänglich ist), die Nationalbibliothek und das Museum für Pädagogik sowie eine Außenstelle des Nationalmuseums, in der Restauratoren ausgebildet werden.

Ein Besuch des Museums ist daher ein guter Vorwand, um die eindrucksvollen Innenräume zu besichtigen, deren Ausstattung von der ungarischen Volkskunst und dem späten Jugendstil inspiriert ist. Sehenswert ist auch das schöne Sgraffito an der Fassade: Es stellt einen Schüler beim Studium dar, der von geometrischen Mustern umgeben ist.

Das Gebäude wurde im Jahr 1911 von Albert Kálmán Kőrössy als Gymnasium entworfen. Es war eine der ersten Schulen, die über Fachräume verfügte: Das Gebäude besaß Lehrräume, die speziell für die Fächer Geografie, Biologie und Physik gebaut wurden. In der Aula fanden bis zu 500 Personen Platz.

Das 1968 eröffnete Museum zeigt Schulutensilien, die im letzten Jahrhundert von Lehrern in Ungarn verwendet wurden; es ist die größte Sammlung dieser Art in Mittel- und Osteuropa. Besucher können entdecken, wie ihre Eltern und Großeltern einst unterrichtet wurden, wie das Schulleben vor Jahrzehnten und Jahrhunderten aussah und welche Anschauungsmittel, Tische, Tafeln und andere Gegenstände im Unterricht verwendet wurden.

DAS GLASFENSTER DER SEMMELWEIS-UNIVERSITÄT

30

Das größte Glasfenster Ungarns

1089 Budapest, Nagyvárad tér
Nur während der Semesterzeiten geöffnet, im Sommer geschlossen
Metro: Linie M3 – Station Nagyvárad tér

In der Semmelweis-Universität befindet sich ein riesiges Glasfenster, das über leuchtende Farben und Muster verfügt, die an Zellen unter einem Mikroskop erinnern. Die Studenten der medizinischen Universität kennen es, die meisten Einwohner Budapests hingegen nicht. Mit einer Fläche von 150 Quadratmetern ist es das größte Glasfenster Ungarns.

Um es zu besichtigen, muss man eines der höchsten Gebäude der Stadt besuchen – den Turm der Semmelweis-Universität am Nagyvárad tér (in der Nähe der Metro-Station). Das Fenster befindet sich direkt gegenüber des Haupteingangs.

Es entstand im Rahmen eines Wettbewerbs, bei dem ein farbenfrohes Kunstwerk für die Halle entworfen werden sollte. Der Gewinner war Gyula Hincz (1904–1986), der den *genius loci* (den Geist des Ortes) dieser Halle erfasste und ein nichtfiguratives Fenster entwarf, das von der Mikrobiologie inspiriert war. Das Kunstwerk wurde 1973 designt

und 1982 hier installiert. Das 21 x 7 Meter große Fenster besteht aus großen und kleinen Kreisen, kontrastreichen Verschachtelungen und abstrakten Formen, die von der Welt der Zellen und ihrer Zusammensetzung inspiriert sind und fast psychedelisch anmuten. Hincz nannte diesen Stil „Amöbismus".

Die Friedensinschriften

Kehrt man auf den Platz zurück, entdeckt man eine große Statue an der Ecke des Platzes. Auf einem mit grauen Granitsteinen verkleideten Hügel steht ein großer, abstrakter Vogel mit ausgebreiteten Flügeln. Das 1983 von Péter Székely geschaffene Kunstwerk ist ein Symbol für den Frieden. Zwischen den Steinen ist eine rosafarbene Marmortafel eingelassen: Darauf stehen die Worte *béke* (ungarisch für „Frieden") neben der Unterschrift von János Kádár – dem kommunistischen Führer Ungarns zwischen 1956 und 1988 – und *paix* (französisch für „Frieden") neben der Unterschrift des ehemaligen französischen Staatspräsidenten François Mitterrand. Beide Staatsoberhäupter waren Schirmherren dieses Kunstwerkes – eines Denkmals für den Friedensprozess zwischen der kommunistischen und der kapitalistischen Welt. Das Wort „Frieden" steht in vielen verschiedenen Sprachen auch auf anderen Steinen des Werks geschrieben. Der graue Granit stammt aus Westungarn, der Marmor aus Frankreich.

DAS SONNENSCHEIN-HAUS

㉛

Ein Schild, das an eine Person erinnert, die nie existierte

1094 Budapest, 15 Bokréta utca
Tram: Linien 51, 51A – Haltestelle Bokréta utca

Ein großes Schild an dem Gebäude in der Bokréta utca 15 verkündet „Emmánuel Sonnenschein & Tsa. Liquer 1870", aber hier hat nie jemand mit dem Namen Sonnenschein gewohnt oder gearbeitet. Das Haus wurde im Jahr 1867 für den Unternehmer Ferenc Heigl nach einem Entwurf von Ferenc Wieser gebaut. Das Obergeschoss wurde in den 1890er-Jahren hinzugefügt, als das Gebäude Ferenc Heigl und Gertrúd Kreisz gehörte. Im Laufe des 20. Jahrhunderts fiel das Gebäude dem Ver-

fall anheim, und in den 1990er-Jahren war es in einem sehr schlechten Zustand. Mitte der 1990er-Jahre waren der Regisseur István Szabó und der Kameramann Lajos Koltai auf der Suche nach Kulissen für ihr neues Historiendrama *Sunshine – Ein Hauch von Sonnenschein*. Dieses Haus schien ihnen perfekt geeignet: Es stammte aus der richtigen Epoche, war nicht modernisiert worden und bot einen guten Blick auf den Platz. Der Film erzählt die fiktive Geschichte von drei Generationen einer Familie namens Sonnenschein und der Likörproduktion, die sie von diesem Haus aus betrieb: Im 19. Jahrhundert waren in diesem Stadtbezirk viele kleine Unternehmen angesiedelt. Man brachte nicht nur das Schild am Haus an, sondern versah auch die Fassade mit Verzierungen und schnitt die Quadersteine im Erdgeschoss in Stücke, um sie – inspiriert von dem Aussehen einiger Nachbarhäuser – mit Ziegeleinsätzen zu versehen. Als das Haus im Jahr 2008 renoviert wurde, blieben die Verzierungen erhalten.

DIE PSYCHIATRISCHE KUNSTSAMMLUNG IN DER AKADEMIE DER WISSENSCHAFTEN

32

Ungewöhnliche Kunstwerke von ungewöhnlichen Menschen

1097 Budapest, 4 Tóth Kálmán utca, Gebäude B
psyartcoll.mta.hu/hu/kapcsolat
Besuche (in Kleingruppen) müssen im Voraus angemeldet werden
Tram: Linien 2, 24 – Haltestelle Haller utca/Soroksári út

Die erstaunliche Kunstsammlung der ehemaligen psychiatrischen Anstalten kann nur nach vorheriger Anmeldung besichtigt werden. Die meisten Künstler dieser einzigartigen Sammlung waren keine Profis, sondern Patienten der Nervenheilanstalten. Ihre Kunstwerke entstanden spontan durch Ermunterung, und seit den 1960er-Jahren auch im Rahmen der psychiatrischen Behandlungen. So wurden Werke von unterschiedlicher künstlerischer Qualität angefertigt, deren Wert darin liegt, dass sie einen Einblick in die Seelen psychisch kranker Menschen geben.

Im Jahr 1910 begann Dr. Árpád Selig, die künstlerischen Arbeiten zu sammeln und auszustellen. Die meisten Werke entstanden im Lipótmező-Institut und im Angyalföld-Institut, zu dessen Direktor Selig später ernannt wurde. Nach Seligs frühem Tod führte Dr. István Zsakó die Sammlung fort und eröffnete 1931 im ehemaligen Angyalföld-Institut ein Museum; im Jahr 1936 wurden die Kunstsammlungen der zwei Institute schließlich zusammengelegt.

Während des Zweiten Weltkriegs wurden die Werke weggepackt und die Sammlung auseinandergerissen, aber im Jahr 1988 konnten die Fragmente von Museologen neu geordnet und im Lipótmező-Institut ausgestellt werden, bis die Anstalt im Jahr 2007 schloss. Die Sammlung wurde der Ungarischen Akademie der Wissenschaften übergeben, und 2017 wurde eine kleine Ausstellung in der 4 Tóth Kálmán utca – dem heutigen Standort – eröffnet.

Die aktuelle Sammlung stammt größtenteils aus den 1920er- bis 1940er-Jahren sowie aus den 1970er- bis 1980er-Jahren. Das größte Kunstwerk ist ein Modell des Gebäudekomplexes von Lipótmező, das aus der Zeit zwischen 1915 und 1919 datiert. Einige Kunstwerke sind eher traditionell: Tonfiguren, kleine Skulpturen, Gemälde, Zeichnungen usw.

Einige Arbeiten stammen von Künstlern wie János Bártfai, einem kaum bekannten Maler, der in Tuschezeichnungen und Gemälden seine „Reisen zum Mars“ thematisierte, andere wurden von dem berüchtigten Serienmörder Marinko Magda geschaffen, dessen bekanntestes Verbrechen die Ermordung der Familie Z. Nagy in Szeged im Jahr 1994 war. Seine angsteinflößenden Zeichnungen gehören heute (dank András Veér, der sie ankaufte) ebenfalls zur Sammlung, während Marinko Magda seine Strafe im Gefängnis absitzt.

Leider enthält die Sammlung keine Werke von Lajos Gulácsy, einem Meister der ungarischen Malerei des frühen 20. Jahrhunderts, der 1917 aufgrund einer schweren Schizophrenie im Institut behandelt wurde.

DAS KUNDENSERVICE-ZENTRUM DER K&H BANK

33

Die Kulisse eines Science-Fiction-Films?

Süd-Atrium
1095 Budapest, 9 Lechner Ödön fasor
Mo–Do 8–16.30 Uhr, Fr 8–15 Uhr
Tram: Linien 2, 24 – Müpa – Nemzeti Színház; Bus: Linien 23, 54, 55 – Müpa – Nemzeti Színház; HÉV: Linie H7 – Müpa – Nemzeti Színház

Außer den Bankkunden betreten nur wenige Leute die 2011 eröffnete Zentrale der K&H Bank. Das öffentlich zugängliche Süd-Atrium und das Kundenservice-Zentrum, das sich dort befindet, bieten ein wirklich außergewöhnliches Erlebnis: Das futuristische Interieur, das von dem Architekturbüro Finta Studio designt wurde, sieht aus wie die Kulisse eines Science-Fiction-Films. Der Raum wird von großen, von der Decke hängenden „UFOs" beleuchtet und ist durch organische, pilzartige Säulen in verschiedene Bereiche unterteilt, um den Besuchern ein cooles und einzigartiges Erlebnis zu bieten, das Lichtjahre von dem traditionellen Image einer Bank entfernt ist. Da Bankgeschäfte zunehmend im Internet abgewickelt werden, dienen die örtlichen Bankfilialen heute eher als Treffpunkte, an denen man nicht nur Finanztransaktionen, sondern auch persönliche Angelegenheiten erledigen kann. Hier sind Bankmitarbeiter und Kunden nicht durch Schalter voneinander getrennt: Die glänzenden, ringförmigen Sitzbereiche fördern eine direkte und weitaus informellere Art der Kommunikation.

DER MASCHINENRAUM DER PUMPSTATION FERENCVÁROS

(34)

Jahrhundertealte Maschinen, die bis heute funktionstüchtig sind

1095 Budapest, 31 Soroksári út
Besichtigung nur im Rahmen einer Gruppenführung
Terminbuchung per E-Mail: center@fcsm.hu
Tram: Linien 1, 2, 24 – Station Közvágóhíd

Eine Klär- und Regenwasserpumpstation der Budapester Abwasseranlagen bietet Besuchern einen unerwarteten Einblick in die Geschichte, denn ihre jahrhundertealten Maschinen sind bis heute funktionstüchtig.

Ende des 19. Jahrhunderts wurde in Pest (zwischen dem Jászai Mari tér und dem Boráros tér) das erste Abwassernetz gebaut, das sowohl an der Ringstraße als auch an der Donau entlangführte. Das Wasser wurde in großen Rohren gesammelt, die mit einer am Fluss errichteten Kläranlage verbunden waren. Als die Anlage 1893 ihren Betrieb aufnahm, wurde das Wasser mit Hilfe von Dampfmaschinen durch eine zweiteilige Schlammkammer und anschließend von sechs Doppelpumpen in die Donau geleitet. Eine Dampfmaschine trieb zwei Pumpen an; um den Dampf für die Maschinen zu erzeugen, wurden fünf Kessel benötigt.

Auf Anweisung des Bürgermeisters wurde die Pumpstation zwischen 1924 und 1931 in mehreren Phasen von Dampf- auf Elektrobetrieb umgestellt. Man fügte einen Transformator (Trafo) hinzu, baute die Schlammkammer um und setzte zwei neue Filterraster ein. Außerdem wurden Dieselmotoren installiert, die bei einem Stromausfall Strom liefern konnten. Einer dieser Motoren (1932 installiert) ist immer noch voll funktionsfähig. Er wird „die Großmutter" genannt und kann bei schwerem Hochwasser eingesetzt werden: Der Motor wurde um die Jahrhundertwende von einem Marineschiff hierhergebracht und kann Druck von bis zu acht Metern Wasser in der Donau ausgleichen. Während des Zweiten Weltkriegs wurde die Pumpstation stark bombardiert, bis 1947 aber wiederaufgebaut. 1971 begann ein weiterer großer Umbau, bei dem der alte Maschinenraum restauriert wurde. Heute wird das Abwasser von hier aus zu einer Kläranlage in Csepel gepumpt.

Zehn Jahre nach dem Bau der Pumpstation in Ferencváros wurde eine zweite Anlage am Zsigmond tér errichtet. Dieses Gebäude kann nicht besichtigt werden, lohnt aber einen Blick von außen. Interessant ist auch das nahegelegene Wasserwerk an der Straße Árpád fejedelem útja, das zwischen den Gleisen der HÉV und der Donau liegt.

DIE MALENKI-ROBOT-GEDENKSTÄTTE

(35)

Ein Luftschutzbunker, der an ein dunkles Kapitel der ungarischen Geschichte erinnert

1097 Budapest, Fék utca 6
Besichtigung nur in Gruppen von 5 bis 40 Personen möglich – vorherige Buchung erforderlich unter malenkij@mnm.hu
Weitere Informationen unter: 307 015 223
Tram: Linie 1 – Haltestelle Ferencváros vasútállomás – Málenkij Robot Emlékhely; MÁV-Zug: Bahnhof Ferencváros

Direkt am Bahnhof Ferencváros erhebt sich ein großer Betonblock, der mit Metall-„Skulpturen" von halben Zugwaggons geschmückt ist. Sie wurden dort aufgestellt, um an ein tragisches Kapitel der ungarischen Geschichte zu erinnern: das Leid der Menschen, die von den Sowjets in Zwangsarbeitslager verschleppt wurden. Der große Betonblock beherbergt eine Ausstellung über dieses Thema, die nur nach Voranmeldung besichtigt werden kann. Die Ausstellung dokumentiert eine der dunkelsten Zeiten in der Geschichte Ungarns. Die Ausstellung veranschaulicht ein relativ unbekanntes Kapitel des Zweiten Weltkriegs anhand von Informationstafeln und Originalobjekten – und die Location ist wirklich einzigartig. Der fensterlose Block wurde nach dem Zweiten Weltkrieg als Atomschutzbunker errichtet und von der Ungarischen Staatseisenbahn als Führungskoordina-

tionsstelle genutzt. Als die Rote Armee am Ende des Krieges die deutschen Truppen besiegte, wurde ein Waffenstillstandsabkommen beschlossen, das zur Ausbeutung unzähliger Menschen führte: Tausende Ungarinnen und Ungarn wurden zur *malenki robot* (zur „kleinen Arbeit" – der sarkastische Ausdruck für Zwangsarbeit) in die Sowjetunion deportiert, um dort in den Arbeitslagern der *gupvi* zu dienen (das System der Zwangsarbeitslager unter der Herrschaft Stalins). Die Ausstellung beginnt mit einer Dokumentation der Belagerung von Budapest im Zweiten Weltkrieg. Der nächste Abschnitt berichtet von der Deportation der Zivilbevölkerung, u. a. anhand von Gegenständen, die das Leben (und den Tod) in den Arbeitslagern veranschaulichen: Kleidung, Holzkisten usw. Ein weiterer Abschnitt beschreibt das grausame Schicksal der Karpaten-Ruthenen: Die Unterdrückung und Vernichtung dieser Bevölkerungsgruppe war Teil von Stalins Plan, Ruthenien in das Sowjetreich einzugliedern. Den Menschen, die auf dem langen Marsch nicht starben, drohte der Tod durch Typhus oder Hunger. Im nächsten Abschnitt der Ausstellung werden die etwa 350 Arbeitslager und 4000 Nebenlager beschrieben, in denen zu Spitzenzeiten über sieben Millionen Häftlinge lebten. Schätzungen zufolge betrug die Gesamtzahl der dorthin verschleppten Ungarn etwa eine Million Menschen. Wie man auf den Karten sehen kann, arbeiteten die meisten Häftlinge im Gebiet der heutigen Ostukraine, vor allem in den Kohlebergwerken. Im zweiten Teil dieses Abschnitts wird das elende Leben der Menschen in den überfüllten, von Stacheldrahtzäunen umgebenen Baracken beschrieben. Der letzte Abschnitt der Ausstellung berichtet über die Rückkehr der Überlebenden ab dem Jahr 1946 und die Gedenkfeierlichkeiten. Die Menschen, die zurückkehrten, wurden jahrzehntelang zum Schweigen gezwungen. Erst der Fall des Kommunismus änderte dies: Das Entschädigungsgesetz von 1992 gewährte den wenigen noch Überlebenden eine Entschädigung.

DIE BUNKER DER CSEPEL-WERKE ㊱

Ein Einblick in die Härten des Zweiten Weltkriegs

1211 Budapest, Színesfém utca
budapestscenes.com
Besichtigung nur im Rahmen einer Führung (siehe Website)
HÉV: H7 – Station Szent Imre tér; Bus: Linien 38, 38A, 138, 179, 238, 278 – Haltestelle Szent Imre tér

Auf einem 250 Hektar großen Grundstück im Herzen der Insel Csepel befanden sich einst die Csepel-Werke (ehemals Manfréd-Weiss-

Stahl- und Metallwerke), ein großer Industriekomplex, der über ein Netz von Bunkern verfügte. Als Zulieferer für die Armee war das Werk im Zweiten Weltkrieg ein Angriffsziel, und die Arbeiter brauchten Schutz: Bis zu 25.000 Personen passierten während des Krieges das Haupttor.

Zwischen 1938 und 1944 wurden über 150 Luftschutzbunker gebaut, darunter 17 besonders widerstandsfähige Bunker (erbaut 1943–1944), die Bomben, Gasangriffen und Granaten standhalten sollten. Und sie funktionierten: Die Überlebensrate der Fabrikarbeiter war viel höher als die der anderen Bürger Budapests – der Stadt, die die zweitgrößte Stadtbelagerung des Zweiten Weltkrieges durchlitt.

Mit dem Ende der sozialistischen Epoche verschwand ein Großteil der alten Ausrüstung aus den Bunkern. Ein Bunker wurde zu einer Besucherattraktion ausgebaut.

Auffällig ist, dass die Bunkeranlagen nicht unterirdisch sind. Dafür gibt es zwei Gründe: Zum einen ist der Grundwasserspiegel zu hoch, da die Donau in der Nähe verläuft, zum anderen hätte es viel Zeit und Geld gekostet, so weit in die Tiefe zu graben. Die Stahlbetonwände dicker zu bauen erwies sich als die schnellere Lösung, was in Kriegszeiten von entscheidender Bedeutung war. Die Wände von Bunker Zwei sind so dick, dass sie fast die Hälfte seiner Bruttofläche einnehmen.

Der erste Teil des Bunkers verfügte über Duschen und ein System zur Regulierung des Luftdrucks: Ein höherer Innendruck verhinderte das Einströmen giftiger Gase. Die Einrichtung ist sehr spärlich, da die Arbeiter nicht länger als sechs bis acht Stunden im Bunker bleiben sollten.

Die Besucher können sich Kurzfilme anschauen, in denen Überlebende von ihren Erinnerungen berichten. Auch einige Relikte sind zu sehen, darunter eine Gasmaske, Flugblätter, die an US-Soldaten verteilt wurden, und eine funktionierende Luftabwehrsirene.

DIE KLÄRANLAGE VON SÜD-PEST ㊲

Ein Gewächshaus, das zur städtischen Kläranlage gehört

1238 Budapest, 1 Meddőhányó utca
fcsm.hu
Öffentlich zugänglich im Rahmen der Veranstaltungen zum Weltwassertag am 22. März – genaue Informationen stehen auf der Website
Auch für Gruppen zugänglich: Anmeldung unter center@fcsm.hu
HÉV: Linie H6 – Station Torontál utca; Bus: Linien 66, 66B, 166 – Haltestelle Torontál utca

In Budapest gibt es drei große Kläranlagen: eine in Nord-Pest, eine in Csepel und eine in Süd-Pest. Die Anlage in Süd-Pest wurde im Jahr 1952 entworfen, im Jahr 1966 in Betrieb genommen und seit 1997 nach und nach modernisiert, um die neuesten Klärtechnologien zu integrieren.

Ein Besuch der Anlage bietet drei besondere Highlights: Man lernt, die Funktionsweise einer Kläranlage zu verstehen, entdeckt die Geschichte der Abwasserreinigung in Budapest und kann das große Gewächshaus bewundern, das eng mit dem Klärungsprozess verbunden und der schönste Bereich der Anlage ist. Die Pflanzen im Gewächshaus werden zur Filterung des Wassers genutzt. Dabei entsteht Biogas, das zur Erzeugung von Wärme und Strom genutzt werden kann, so dass die Kläranlage fast vollständig autark ist. Wenn die Besucher auf einem Weg aus Metallgittern durch das Gewächshaus laufen, fließt Wasser unter ihren Füßen, während die hohen Palmen und Bambuspflanzen, die unter dem Glasdach wachsen, eine üppige grüne Umgebung schaffen. Sogar Schmetterlinge werden in den Prozess einbezogen: Sie verhindern eine Überpopulation von Marienkäfern und anderen Insekten, die den Pflanzen schaden könnten. Die Schmetterlinge helfen auch bei der Bestäubung der blühenden Pflanzen. Rund um die Gewächshäuser wurden große runde Becken zum Auffangen von Regenwasser errichtet. Ihre Kapazitäten wurden 2019 im Zuge des Klimawandels erhöht, da die Wahrscheinlichkeit besteht, dass sich die Rohre bei heftigen Regenfällen schneller füllen und die Wasseraufbereitungsanlage überschwemmen.

In der Kläranlage werden jährlich rund 22 Millionen Kubikmeter Abwasser gereinigt, wobei die Qualität des Wassers, das in die Donau geleitet wird, besser ist als in den EU-Richtlinien gefordert. Das Regenwasser und die Abwässer der Region werden über ein 6.000 Kilometer langes Netz von Rohren gesammelt.

ANTAL-NEMCSICS-GEDENKHAUS ㊳

In die Welt der Farben eintauchen

Gallery Colour Country
1185 Budapest, 42 Ungvár utca
Mi 9–15 Uhr, Sa 14–18 Uhr
Gruppenführungen müssen im Voraus angemeldet werden unter der E-Mail-Adresse: nemcsics.csongor@t-online.hu
MÁV-Züge: Ferihegy; Tram: Linie 50 – Haltestelle Bajcsy-Zsilinszky út

Das Antal-Nemcsics-Gedenkhaus am Stadtrand von Budapest ist eine schöne Hommage an einen wirklich außergewöhnlichen Mann. Antal Nemcsics (1927–2019) war Maler, Hochschullehrer und Meister der Farbenlehre; er entwickelte sogar ein neues Farbsystem, das Coloroid-System (siehe unten).

Die Gedenkstätte, die im Jahr 2020 eröffnet wurde, befindet sich im ehemaligen Wohnhaus von Antal Nemcsics und seiner Frau Magdona Takács, die ebenfalls Malerin war. Der interessanteste Teil des Gebäudes ist das stimmungsvolle, sechs Meter hohe Atelier, das von beiden genutzt wurde und heute als Galerie für ihre oft sehr farbenfrohen Gemälde dient.

Zwei weitere Räume des Hauses werden für Wechselausstellungen ungarischer Künstler genutzt.

Antal Nemcsics und das Coloroid-System

Antal Nemcsics (1927–2019) war ein sehr aktiver Künstler, der Gemälde, Fresken, Glasmalereien, Mosaike und Keramikarbeiten schuf. Seine Wandgemälde sind heute in über 100 Kirchen zu sehen. Er verfasste 24 Bücher und über 300 Publikationen, entwickelte elf Erfindungen, entwarf Farbpläne für öffentliche Gebäude und Bauwerke im 13. Bezirk von Budapest und schuf Anfang der 1990er-Jahre ein Farbschema für die Metrolinie 3, die damals gerade verlängert wurde. Sein Farbleitsystem, das in den neuen Bahnhöfen (Forgách utca bis Újpest-Központ) zu sehen war, wurde bei der letzten Renovierung der U-Bahn-Strecke leider völlig zerstört, aber zwei Werke blieben erhalten. Das erste – ein Emaille-Wandbild in Gelb-Schwarz-Weiß – befindet sich in der Metrostation Forgách utca und trägt den Titel *Oberfläche und Tiefe* – eine abstrakte Beschreibung des Abstiegs von der sonnigen Oberfläche in die „dunklen Tiefen" der U-Bahn-Station. Ein ähnliches Werk, das farblich von Dunkelblau in Weiß übergeht, ist in der Metrostation Gyöngyösi utca zu sehen. Antal Nemcsics wirkte auch an der farblichen Neugestaltung der alten Häuser des Burgviertels mit, die den historischen Straßen ein harmonisches Erscheinungsbild gab. Eines seiner Wandgemälde, das mehrere Reiter in abstrakter Form darstellt, ist an einem Haus im Burgviertel (Nőegylet utca) zu sehen. In den 1970er-Jahren entwickelte er das neue Coloroid-Farbsystem. Dieses System war revolutionär in der Hinsicht, dass es die Harmonie der Farben nicht nur auf Grundlage der subjektiven Wahrnehmung, sondern auch nach wissenschaftlichen und numerischen Methoden beschrieb. Das System wurde in zahlreichen Ländern wie Argentinien, den USA, Kanada und Japan veröffentlicht.

DER MERZSE-SUMPF

39

Einer der letzten noch zugänglichen Sümpfe von Budapest

1174 Budapest, Erdőalatti dűlő
MÁV – Bahnhof Rákoskert; Bus: Linie 197 – Haltestelle Rákoskert vasútállomás
Rundwanderung: sechs Kilometer

Nördlich des internationalen Flughafens Liszt Ferenc befindet sich eines der letzten noch zugänglichen Sumpfgebiete von Budapest. Es beherbergt geschützte Pflanzen sowie seltene, geschützte Vögel und ist ein großartiger Ort, um dem Trubel der Stadt zu entfliehen und unweit des Zentrums ein paar Stunden in der schönen, nicht überlaufenen Natur zu verbringen. Vom Ende des Bahnsteigs am Bahnhof Rákoskert führt ein Feldweg zum Parkplatz des Merzse-Sumpfes. Hier befindet sich eine Tafel mit Informationen über das Naturschutzgebiet (nur auf Ungarisch). Der schmale Pfad zum Naturschutzgebiet ist von Schildern markiert, auf denen grüne Frösche abgebildet sind, und bald taucht auf der rechten Seite der Sumpf auf. Man sieht einige alte Bäume, auf die man klettern kann, bevor der Weg weiter nach rechts zum Aussichtsturm führt, der den besten Ausblick auf das Sumpfgebiet bietet. Der Merzse-Sumpf wurde 1977 unter Naturschutz gestellt und im Jahr 1999 auf eine Fläche von insgesamt 16 Hektar erweitert. Im Jahr 2012 wurden die Informationstafeln installiert und der Weg angelegt. Von den Tafeln 8 und 9 gibt es eine Abkürzung, die um die Wasserflächen herumführt; weiter hinten geht es zum Feld von Gyolcs. Der Wanderweg ist insgesamt etwa sechs Kilometer lang (Radfahren ist ebenfalls erlaubt). Das Wasser ist von dichtem Schilf und Riedgras umgeben und von Weiden und Pappeln übersät, die zu forstwirtschaftlichen Zwecken gepflanzt wurden. Man sollte ein Fernglas oder ein starkes Zoomobjektiv mitnehmen.

RENÉE-ERDŐS-HAUS

40

Eine der schönsten Villen des 17. Bezirks

1174 Budapest, 31 Báthory utca
erdosreneehaz.hu
Di–So 14–18 Uhr
Bus: Linie 198 – Haltestelle Bánya part oder Linien 46, 98 – Haltestelle Bulyovszky utca; MÁV – Bahnhof Rákoshegy

Das Renée-Erdős-Haus in der Báthori utca 31 wurde im Jahr 1895 erbaut und ist eine der schönsten Villen des 17. Bezirks. 1927 erwarb Renée Erdős, eine bekannte Schriftstellerin jener Zeit, das Gebäude, in dem sie bis zum Jahr 1944 lebte. Seit dem Jahr 1990 beherbergt es eine Ausstellung für Lokalgeschichte. Links vom Eingang befinden sich paläontologische Funde (zum Beispiel Mammutknochen und versteinerte Holzstücke) und ein Diorama, das die Tier- und Pflanzenwelt des Naturschutzgebietes Merzse-Moor (s. S. 292) in den vier Jahreszeiten zeigt. Der zentrale Ausstellungsraum widmet sich den vier Kleinstädten, aus denen der Bezirk heute besteht: Rákoshegy, Rákosliget, Rákoscsaba und Rákoskeresztúr. Geht man weiter nach links, folgt die demografische Geschichte der Region: Hier gibt es traditionelle Kleidung, die in slowakischen und deutschen Gemeinden getragen wurde, einen alten hölzernen Streitwagen und Teile der Inneneinrichtung alter Bauernhäuser zu sehen. Auf der rechten Seite bietet ein kleines Geschäft Literatur und Postkarten an. Im oberen Stock gibt es Wechselausstellungen und einen kleinen Raum, der dem Andenken an Renée Erdős gewidmet ist. Die Möbel hier stammen aus der Lebenszeit der Autorin; die einzigen Stücke, die der Schriftstellerin selbst gehörten, sind jedoch nur die zwei Kupferbetten.

Renée Erdős

Renée Erdős (1879–1956) war eine kontroverse Schriftstellerin und Dichterin. Ihre Leidenschaft und kompromisslose Ehrlichkeit ließen niemanden unberührt. Sie hatte Beziehungen zu vielen berühmten Persönlichkeiten ihrer Zeit, darunter Sándor Bródy und Oszkár Jászi. Nach dem Selbstmordversuch von Bródy im Jahr 1905 galt Erdős als Femme fatale. Sie führte ein turbulentes Leben: Ihre Werke wurden von den Verlagen oft abgelehnt, ihre erste Ehe scheiterte, während des Zweiten Weltkriegs musste sie sich verstecken, und in der kommunistischen Zeit wurden ihre Werke verboten, weil sie Erotika und religiöse Motive enthielten. Die meisten ihrer Werke wurden erst nach dem Jahr 1990 wieder veröffentlicht.

DAS SCHMIDL-MAUSOLEUM

41

Ein wahres Meisterwerk der Bestattungsarchitektur

Jüdischer Friedhof von Budapest – 1108 Budapest, 6 Kozma utca
budapestjewishcemetery.com
April–Okt. 8–16 Uhr, Nov.–März 8–15 Uhr
Tram: Linie 28 – Haltestelle Izraelita temető; Bus: Linien 68, 195 – Haltestelle Izraelita temető

Neben dem Új Köztemető („Neuer öffentlicher Friedhof") am Stadtrand von Pest wurde im Jahr 1893 der jüdische Friedhof von Budapest eröffnet. Obwohl er weit vom Stadtzentrum entfernt ist, ist er aufgrund der zahlreichen architektonischen Meisterwerke, die dort zu finden sind, auf jeden Fall einen Besuch wert. Nicht weit vom Eingang und vom Bestattungshaus (das von Vilmos Freund, der auch den Friedhof entworfen hat, im arabesken Stil designt wurde) befindet sich das spektakuläre, türkisfarbene Schmidl-Mausoleum. Es wurde 1903 von Béla Lajta erbaut und ist wohl das schönste Bauwerk des gesamten Friedhofs. Miklós Schmidl ließ es für seine Mutter Róza Holländer und seinen Vater Sándor Schmidl, einen Kolonialwarenhändler, errichten. Das Betongebäude verfügt über ein Tonnengewölbe und ist mit prächtigen Jugendstilkeramiken aus der Zsolnay-Fabrik verkleidet, die ein Jahr nach dem Bau hinzugefügt wurden. Die dekorativen Mosaike an den Innenwänden und an der Decke wurden von Miksa Róth geschaffen. Die Form des Gewölbes ist von den Schmelzöfen inspiriert, die in der Region Alföld verbreitet sind, während die herzförmigen Blattornamente auf traditionellen ungarischen Mustern basieren. Im Zentrum der Fassade befindet sich ein gusseisernes Tor, das mit Weidenzweigen verziert ist und von Ziervasen und Mohnblumenköpfen (die einen langen Schlaf symbolisieren) flankiert wird. Eine sechsblättrige Blüte über dem Tor verweist auf den Davidstern. Die Gedenkstätte wurde zwischen 1996 und 1998 restauriert.

DAS GRAB VON LÁSZLÓ HARTMANN

Ein steinerner Rennwagen auf einem Grab

Jüdischer Friedhof von Budapest – 1108 Budapest, 6 Kozma utca
budapestjewishcemetery.com
April–Okt. 8–16 Uhr, Nov.–März 8–15 Uhr
Tram: Linie 28 – Haltestelle Izraelita temető; Bus: Linien 68, 195 – Haltestelle Izraelita temető

Eas Grab von László Hartmann (1901–1938) auf dem Jüdischen Friedhof von Budapest ist ganz besonders originell: Es wird von einem schönen Rennwagen aus Stein gekrönt. Hartmann begann seine Karriere als Tourenfahrer, aber der große Umbruch in seinem Leben kam, als er den Bugatti-Rennwagen von Graf Zichy kaufte und damit einen

neuen Geschwindigkeitsrekord aufstellte. Er ist vielen als Champion im Grand-Prix-Rennsport – einem Vorläufer der heutigen Formel 1 – in Erinnerung geblieben. Hartmann fuhr meist Bugatti- oder Maserati-Rennwagen und starb im Jahr 1938 bei einem Unfall, als er ein Rennen gegen den Italiener Giuseppe Farina fuhr. Hartmanns Grab wurde im Jahr 2018 wunderschön restauriert.

Die prachtvollen, teilweise schlecht erhaltenen Gräber und Gruften der reichen Familien befinden sich fast alle an dem Zaun, der entlang der Kozma utca verläuft; sie reihen sich an beiden Seiten des Bestattungsinstituts aneinander. Direkt hinter dem Eingang befindet sich die Krypta der Familie Brüll, die wie ein antiker Schrein aussieht; sie ist mit detailreichen Mosaiken und mit zwei Steinlöwen geschmückt, die von Alajos Stróbl gemeißelt wurden. Sehenswert sind auch die Gries-Gruft, das ovale Weingruber-Grab und das schwarz-goldene Mausoleum der Familie Wellisch. Auf dem Friedhof ruhen berühmte Persönlichkeiten wie der Musikverleger Gyula Rózsavölgyi, der Schauspieler Béla Salamon, der Kabarettist Dezső Kellér, die Architekten Béla Lajta und Alfréd Hajós sowie der Schauspieler und Komiker Gyula Gózon.

Auf dem Friedhof finden sich zahlreiche Symbole, die spezifisch für die jüdische Gemeinschaft sind. Weitere Informationen finden Sie auf der folgenden Doppelseite.

Die Symbolik jüdischer Grabsteine

In der religiösen jüdischen Tradition spielte die Symbolik immer schon eine grundlegende Rolle. Sie galt dem Judentum in seinen Ursprüngen als Repräsentation der Verbindung zwischen den Menschen und Gott (im Gegenteil zur Diabolik, die den Menschen von Gott trennt). Symbole dienten zur Identifikation einer Familie oder einer religiösen Funktion. Jedem grafischen Zeichen kam dabei eine Besonderheit oder spezifische Eigenschaft zu. Einige der gängigsten Themen sind auf den Gräbern jüdischer Friedhöfe zu finden. Dazu gehören zwei segnende Hände, die auf die priesterliche Nachkommenschaft des Verstorbenen hindeuten und auch Gräber der Familien Cohen (oder Coen) zieren: *kohèn* bedeutet auf Hebräisch „Priester" und verweist damit auf einen männlichen Nachfahren von Aaron, dem Bruder von Moses und erstem Hohepriester der Israeliten. Die Haltung der Hände mit gespreizten Fingern entspricht der Haltung, die die Hände des Priesters bei der Segnung einnehmen.

Ein anderes verbreitetes Symbol ist aus einem Krug ausfließendes Wasser. Es deutet auf die Zugehörigkeit zu den Leviten (Familie Levi) hin, einem der zwölf Stämme Israels. Diesen kam einst die Aufgabe des Tempeldiensts, das Waschen der Hände vor der Segnung, zu.

Die Krone, die man auf den ältesten Grabsteinen findet, ist in der jüdischen Bestattungssymbolik ebenfalls sehr präsent. Sie verweist auf die politische Autorität des Verstorbenen und auf seine Würde; als Überschrift trägt sie ein Zitat aus dem *Pirqe Avot* (*Sprüche der Väter*), einem der Gründungstexte des Judentums: „Drei Kronen gibt es: die Krone der Tora, des Priestertums und des Königtums. Die Krone eines guten Namens überstrahlt sie alle."

Ab dem 19. Jahrhundert treten weitere, dem damaligen Zeitgeist entsprechende Symbole auf. Die *klepsydra,* eine im antiken Griechenland gebräuchliche Wasseruhr, spielt auf verstrichene Lebenszeit an. Sie wird mit Flügeln oder, als noch deutlicherer Hinweis auf den Tod, in Verbindung mit gekreuzten Knochen und einem Schädel dargestellt. Die umgekehrte Fackel symbolisiert die Trauer: Um die Flamme zu löschen, muss sie gedreht und am Boden gerieben werden. Der Ouroboros bzw. Uroboros – eine Schlange, die sich in den eigenen Schwanz beißt – verweist auf die Wiedergeburt, ebenso wie der Blütenkranz, der aber auch als Hinweis auf die Bekanntheit gedeutet werden kann, die der Verstorbene während seines irdischen Lebens erlangt hatte. Der Schmetterling, ein sehr altes Symbol, steht für die Seele, die sich vom Körper löst und in den Himmel aufsteigt. Eines der bekanntesten Symbole der jüdischen Kultur und Religion überhaupt, ist wohl der Davidstern (*Magen David,* wörtlich „Schild Davids"). Er war im 19. Jahrhundert sehr verbreitet und findet sich auf unzähligen Gräbern weltweit.
Tierdarstellungen verweisen auf den Namen des Verstorbenen: Der Löwe, häufig dargestellt in Verbindung mit einer Krone, ist nicht nur ein Hinweis auf das Königtum und damit die Zugehörigkeit zum Geschlecht Davids, sondern auch auf den Namen Leon (Leo auf Italienisch, Loeb/Löb oder Loew/Löw auf Jiddisch bzw. Deutsch). Der Wolf ist das Zeichen Benjamins und die Darstellung eines in der jüdischen Gemeinschaft weit verbreiteten Familiennamens (Wolf auf Englisch und Deutsch, Ze'ev auf Hebräisch). Ein Hirsch, der in der jüdischen Symbolik für die Nachfahren des Stammes Naftali steht, ziert meist Gräber von Familien namens Hirsch (Jiddisch und Deutsch) oder Zvi (Hebräisch) bzw. Naftali (hebräisch für „Kampf").

DER NAPLÁS-SEE

43

Der Naplás-See – seit den 1970er-Jahren ein Zufluchtsort für Wildtiere

Naplás út, 16. Bezirk
Ganzjährig zugänglich
HÉV: Mit der Linie H8 oder H9 bis zur Haltestelle Mátyásföld repülőtér und von dort weiter mit dem Bus 46 bis zur Haltestelle Erdei bekötőút

Wenn die großen Parks von Budapest an den Sommerwochenenden überfüllt sind, bietet das geschützte Gebiet rund um den Naplás-See (16. Bezirk) eine schöne und weitaus ruhigere Alternative mitten in der Natur. Der Naplás-See ist ein Naturschutzgebiet (*természetvédelmi terület*) und nur 15 Gehminuten von der nächsten Bushaltestelle entfernt. Man kann um den See laufen oder radeln, und in der Nähe gibt es einen Parkplatz. Der See zieht viele Vögel an (auch wenn der zunehmende Verkehr einige abschreckt) und beherbergt Arten wie den Mäusebussard, den Turmfalken, die Graugans, die Stockente und den Grünfinken. Der umliegende Wald sieht aus der Ferne aus wie ein Robinienwald, aber am Seeufer stehen vorwiegend Weidenbäume. In der konstant feuchten Uferregion gedeihen auch Riedgras und Farne. Auch die Europäische Sumpfschildkröte – die einzige Schildkrötenart, die einen natürlichen Lebensraum in Ungarn hat – ist am See zu finden. Sie ist an ihrem gelbgefleckten schwarzen Panzer zu erkennen. An den See grenzen zwei weitere Naturregionen: der Cinkota-Wald (Cinkotai parkerdő) und die Sumpfgebiete des Flusses Szilas. Die beste Zeit für die Beobachtung von Wildtieren ist frühmorgens, wenn die Gegend weniger belebt ist.

DIE MINISKULPTUR DER BRAUEREIPFERDE

44

Eine schöne Erinnerung an die Vergangenheit

1105 Budapest, 3 Dreher Antal út – Tram : 28, 37 – Sörgyár

An der Ecke der Bierfabrik (Dreher Antal út 3) steht eine kleine Statue auf einem geschwungenen Steinsockel. Sie ist eine der Ministatuen des Bildhauers Mihály Kolodko (siehe S. 28) und erinnert an alte Zeiten, als das frisch gebraute Bier noch mit Pferdewagen ausgeliefert wurde. Auf dem Fabrikgelände steht eine weitere Ministatue, die Antal Dreher – den berühmten ehemaligen Besitzer der Fabrik – darstellt. Das Kunstwerk wird im Rahmen der Fabrikführungen besichtigt.

DER TURM DES WÄCHTERS

45

Das letzte Überbleibsel der Weinberge von Kőbánya

1104 Budapest, 31 Harmat ut
facebook.com/csosztoronykert
Mi–So, 12–22 Uhr
Bus: Linien 85, 185 – Haltestelle Csősztorony

Im Viertel Kőbánya Óhegy im 10. Bezirk von Budapest – nicht weit vom Stausee in der Ihász utca (s. S. 306) –, steht in der Harmat utca 31 ein unauffälliges Haus, auf dem sich ein schmaler Turm erhebt, der nicht zufällig oder aus einer Laune des Hausbesitzers heraus erbaut wurde. Im Jahr 1843 – einer Zeit, in der Diebstähle weit verbreitet waren – ließ der Magistrat von Pest diesen Turm errichten, um die Umgebung zu überwachen und die zunehmende Gefahr von Diebstählen zu bekämpfen. Das Gebäude besteht aus einer kleinen Wohnung, in der der Wächter wohnte, und dem schmalen Wachturm, der Überblick über das gesamte Gebiet bot.

Das Bauwerk wurde im Jahr 1844 von Ferenc Brein im Stil der Romantik mit gotischen Architekturelementen errichtet. Ein kleiner „Hals" verbindet die zweistöckige Wohnung mit einem zweiten Block, aus dem der Turm mit seiner Wendeltreppe aufragt. Der Turm hat sich im Laufe der Jahrzehnte zu einem Symbol des Stadtviertels Kőbánya entwickelt: Seit dem Jahr 2000 ist er sogar auf dem Wappen des Bezirks abgebildet. Nach einem verheerenden Reblausbefall (einer traubenfressenden Blattlaus) verschwanden die Weinberge und der Turm wurde überflüssig: Das Areal der Weinberge wurde bebaut und im Jahr 1896 übernahm die Polizei das Gebäude. Später wurde das Haus zunächst als Kneipe und dann als Restaurant genutzt. Auch heute befindet sich hier ein Restaurant.

KŐBÁNYA-STAUSEE

46

Ein spektakulärer unterirdischer Stausee aus dem 19. Jahrhundert

1105 Budapest, 29 Ihász utca
Nur während der Europäischen Tage des Denkmals geöffnet
Bus: Linien 85, 185 – Haltestelle Ihász utca / Csősztorony

Am Rand von Kőbánya befindet sich der Kőbánya-Stausee, ein spektakulärer historischer Stausee, der 1871 eröffnet wurde und einmal im Jahr während der Europäischen Tage des Denkmals – wenn der Stausee gewartet wird – besichtigt werden kann. Auf den ersten Blick vermittelt der See den Eindruck einer unterirdischen Kathedrale: Jedes der zwei riesigen Becken hat ein Fassungsvermögen von bis zu 11.000 Kubikmeter Wasser. Die Becken sind bis zu einer Höhe von etwa 6,5 Metern befüllt: Man kann die Linie des Wasserpegels an den Backsteinmauern erkennen. Die dunkle Färbung des Wassers ist auf den Eisengehalt zurückzuführen. Der Wasserwiderstand wird durch eine Tonschicht gewährleistet, die auch nach 150 Jahren noch erstaunlich gut funktioniert. In den 1970er-Jahren wurden vier weitere Betonbecken hinzugefügt, die ein Fassungsvermögen von je 4.000 Kubikmetern haben. Budapest gilt als kontrastreich, denn es besteht aus dem hügeligen Buda und dem flachen Pest, aber das Herz des 10. Bezirks liegt erstaunlich hoch über dem Meeresspiegel. Diese Höhenlage, die die des Gellértbergs noch übersteigt, war der Grund dafür, warum der Stausee in den Jahren 1869 bis 1871 erbaut wurde. Die Originalpläne sind seit langem verschwunden, aber man nimmt an, dass die Becken von italienischen Maurern errichtet wurden.

DAS STOLLENSYSTEM VON KŐBÁNYA

47

Ein atemberaubendes Untergrundnetz

1015 Budapest, 1 Előd utca / 35–37 Bánya utca
dreherzrt.hu/jelentkezes-sorturara – budapestscenes.com/kobanyai-pincetura
sortura@asahibeer.hu
Besichtigung nur im Rahmen einer Führung (siehe Website)
Tram: Linien 3, 28A, 62A – Haltestelle Szent László tér; Bus: Linie 9 – Haltestelle Liget tér

Im „Bergwerksbezirk" Kőbánya wurde seit dem Mittelalter Kalkstein abgebaut, und nach den verheerenden Hochwasserschäden vom Jahr 1838 wurde hier ganz besonders intensiv Bergbau betrieben (s. S. 106). Durch die intensive Kalksteinförderung für das Baugewerbe entstand ein atemberaubendes Netz von unterirdischen Stollen und Gängen, die heute im Rahmen von Führungen besichtigt werden können (siehe oben).

Die in Kőbánya geförderten Steine wurden in großem Umfang zur Errichtung von Gebäuden verwendet, z. B. zum Bau der Margaretenbrücke, der Matthiaskirche, der Zitadelle, des Opernhauses, der Universitätsbibliothek (s. S. 62), der Ungarischen Akademie der Wissenschaften ... Die Steine wurden mit Pferdewagen transportiert und hinterließen weißen Staub auf den Straßen, nach dem wahrscheinlich die nahe gelegene Straße Fehér út („Weiße Straße“) benannt wurde. Der Bergbau endete im Jahr 1890 und hinterließ ein 32 Kilometer langes Stollennetz sowie eine unterirdische Fläche mit einer Größe von insgesamt 180.000 Quadratmetern.

Die ersten, die diese nun verfügbare Fläche nutzten, waren die Weinproduzenten: Die Temperaturschwankungen unter Tage betragen weniger als ein Grad Celsius, was sich perfekt zur Lagerung von Wein eignet. Ab Mitte des 19. Jahrhunderts kam zum Weinbau die Bierherstellung hinzu. Im Jahr 1862 eröffnete Antal Dreher im Bezirk Kőbánya seine Brauerei und nutzte die Stollen nicht nur als Lagerräume, sondern verwendete auch ihr sauberes Wasser.

Während des Zweiten Weltkriegs wurde in diesem Kellersystem eine geheime Fabrik zur Herstellung von Motoren für Messerschmidt-Flugzeuge eingerichtet. Nach dem Krieg wurde die Brauerei verstaatlicht und nach 1990 schließlich privatisiert. Heute wird sie in kleinerem Umfang betrieben, sodass sie weniger Wasser verbraucht, weshalb die Wasserpegel in den Stollen steigen. Einige Unterwasserbereiche werden heute von Tauchern zu Trainingszwecken genutzt.

Gute Gelegenheiten zur Besichtigung des Stollensystems sind der Wettlauf der BBU (bbu.hu), das Radrennen „Underworld Cup“ und das Kulturfestival „Tage des Heiligen Ladislaus“, das im Juni vom örtlichen Gemeindeamt veranstaltet wird. Die Brauerei Dreher betreibt ein Brauereimuseum in der 7–11 Jászberényi út, das Führungen für Erwachsene anbietet (siehe Website oben). Auch Budapest Scenes bietet Führungen durch das Stollensystem an.

DER JAPANISCHE GARTEN DER MÁRTON-VARGA-BERUFSFACHSCHULE

48

Der älteste japanische Garten Ungarns

1149 Budapest, 56-60 Mogyoródi út
Sommer (1. April–31. Okt.): Mo–So 8–20 Uhr; Winter: Mo–So 10–16 Uhr
Buchung von Gruppenführungen unter: titkarsag.vmszki@gmail.com
Durchführung von Sonderprogrammen im April (Kirschblüte), September (Europäische Tage des Denkmals) und Juni (Nacht der Museen)
Tram: Linien 3, 62, 62A - Haltestelle Jeszenák János utca

Im Hofgarten der nach Márton Varga benannten Berufsfachschule für Gartenbau und Geodäsie verbirgt sich – gleich hinter den Gewächshäusern – ein wunderschöner japanischer Garten. Dieses Kleinod ist nicht so bekannt wie der japanische Garten auf der Margitsziget, doch er ist viel geeigneter, um Ruhe zu finden. Der Garten verdankt seinen Namen einigen Pflanzen, die von einem japanischen Prinzen gestiftet wurden.

Der Garten wurde von Márton Varga, dem Gründer der Schule, entworfen und im Jahr 1928 eröffnet – er war zu seiner Zeit der erste japanische Garten in Ungarn. Im Jahr 1931 statteten Prinz Nobuhito Takamatsu und seine Frau dem Garten einen kurzen Besuch ab und schenkten der Schule nach ihrer Rückkehr mehrere Pflanzen aus Japan.

Einige dieser Pflanzen stehen heute noch im Garten, zum Beispiel ein *Orixa-japonica*-Strauch, eine chinesische Wisteria, ein *Acer ginnala* (Feuer-Ahorn) und ein *Hibiscus syriacus* (Syrischer Eibisch). Der Garten ist mit Kalksteinfelsen geschmückt, die man mit Pferdekutschen aus Svábhegy hierherbringen musste, weil die Zahnradbahn gerade umgebaut wurde.

Der Garten wurde im Zweiten Weltkrieg stark beschädigt, in den folgenden Jahrzehnten jedoch wiederaufgebaut und erweitert. Heute hat er eine Größe von etwa 3000 Quadratmetern. Im Garten steht eine kleine Azumaya (Holzhütte), die heute als Teehaus genutzt wird.

Der älteste und größte Baum des Gartens ist ein Spitzahorn; am interessantesten ist jedoch der Urweltmammutbaum, der als ausgestorben galt, bis er 1944 in China wiederentdeckt wurde. Ungarn konnte einige Samen dieses Baumes beschaffen, die in diesem Garten ausgesät wurden – und heute erhebt sich hier ein 28 Meter hoher Baum. Am schönsten ist der Urweltmammutbaum im Frühherbst, wenn sich seine Blätter rostbraun färben.

Der Garten hat auch einen *Gingko biloba* und natürlich einen blühenden Kirschbaum zu bieten: Der heutige Kirschbaum ist ein „Kind“

NOTIZEN

Im September 1995 hielt sich Thomas Jonglez in der Stadt Peshawar auf. Sie liegt im Norden Pakistans, 20 Kilometer von der Stammeszone entfernt, die er ein paar Tage später besuchen wollte. Dort kam ihm der Gedanke, alle verborgenen Winkel seiner Heimatstadt Paris, die er wie seine Westentasche kannte, schriftlich festzuhalten. Auf seiner Heimreise von Beijing, die sieben Monate dauerte, durchquerte er Tibet (wo er heimlich, unter Decken in einem Nachtbus versteckt, einreiste), Iran und Kurdistan. Er reiste dabei nie im Flugzeug, sondern per Boot, Zug oder Bus, per Anhalter, mit dem Rad, dem Pferd oder zu Fuß und erreichte Paris gerade rechtzeitig, um mit seiner Familie Weihnachten feiern zu können.

Nach seiner Rückkehr verbrachte er zwei großartige Jahre damit, durch die Straßen von Paris zu streifen, um gemeinsam mit einem Freund seinen ersten Reiseführer über die verborgenen Orte seiner Stadt zu schreiben. Während der nächsten sieben Jahre arbeitete er im Stahlsektor, bis ihn seine Entdeckerleidenschaft wieder überfiel. 2003 gründete er Jonglez Verlag und zog drei Jahre später nach Venedig.

2013 verließ er mit seiner Familie Venedig auf der Suche nach neuen Abenteuern und unternahm eine sechsmonatige Reise nach Brasilien mit Zwischenstopps in Nordkorea, Mikronesien, auf den Salomon-Inseln, der Osterinsel, in Peru und Bolivien. Nach sieben Jahren in Rio de Janeiro lebt er heute mit seiner Frau und seinen drei Kindern in Berlin.

Jonglez Verlag publiziert Titel in neun Sprachen und 40 Ländern.

IM SELBEN VERLAG ERSCHIENEN

ATLAS

Atlas der geographischen Kuriositäten
Atlas der Wetterextreme
Atlas of unusual wines (auf Englisch)

BILDBÄNDE

Abandoned Asylums (auf Englisch)
Abandoned Australia (auf Englisch)
Abandoned Belgium (auf Englisch)
Abandoned France (auf Englisch)
Abandoned Lebanon (auf Englisch)
Abandoned Spain (auf Englisch)
After the Final Curtain – The Fall of the American Movie Theater (auf Englisch)
After the Final Curtain – America's Abandoned Theaters (auf Englisch)
Baikonur – Relikte des sowjetischen Weltraumprogramms
Chernobyl's Atomic Legacy (auf Englisch)
Cinemas – A French heritage (auf Englisch)
Destination Wellness – Unsere 35 besten Orte der Welt zum Entspannen
Forbidden Places – Exploring our Abandoned Heritage Vol. 1 (auf Englisch)
Forbidden Places – Exploring our Abandoned Heritage Vol. 2 (auf Englisch)
Forbidden Places – Exploring our Abandoned Heritage Vol. 3 (auf Englisch)
Forgotten Heritage (auf Englisch)
Stilles Venedig
Ungewöhnliche Hotels
Venedig aus der Luft
Verborgene Heiligtümer
Verbotene Orte
Verlassenes Deutschland
Verlassenes Frankreich
Verlassenes Japan
Verlassene UdSSR
Verlassene USA
Verlassenes Italien
Verlassene Kirchen – Kultstättten im Verfall

VERBORGENES-REISEFÜHRER

Verborgenes Bali
Verborgenes Bangkok
Verborgenes Barcelona
Verborgenes Berlin
Verborgene Dolomiten
Verborgenes Dublin
Verborgenes Edinburgh
Verborgenes Florenz
Verborgenes Genf
Verborgenes Granada
Verborgenes Hamburg
Verborgenes Istanbul
Verborgenes Kapstadt
Verborgenes Kopenhagen
Verborgenes Korsika
Verborgenes Lissabon
Verborgenes London
Verborgenes Los Angeles
Verborgenes Mailand
Verborgenes Neapel
Verborgenes New York
Verborgene Normandie
Verborgenes Paris
Verborgene Provence
Verborgenes Rom
Verborgenes Sevilla
Verborgenes Singapur
Verborgenes Tokio
Verborgene Toskana
Verborgenes Venedig
Verborgenes Wien

„30 ERLEBNISSE"-REIHE

Soul of Amsterdam – 30 einzigartige Erlebnisse
Soul of Athen – 30 einzigartige Erlebnisse
Soul of Barcelona – 30 Erlebnisse
Soul of Berlin – 30 einzigartige Erlebnisse
Soul of Kyoto – 30 einzigartige Erlebnisse
Soul of Lissabon – 30 Erlebnisse
Soul of Marrakesch – 30 einzigartige Erlebnisse
Soul of New York – 30 einzigartige Erlebnisse
Soul of Rom – 30 einzigartige Erlebnisse
Soul of Tokio – 30 Erlebnisse
Soul of Venedig – 30 einzigartige Erlebnisse

Folgen Sie uns auf Facebook, Instagram und X

DANKSAGUNG

Nagy Zita, Dr. Péter Fodor, Zsuzsanna Juhász (Städtische Ervin-Szabó-Bibliothek / Sammlung Budapest; Orsolya Eleőd (*Hotel Hilton*); Kommunikationsabteilung BKV Zrt.; Pataki Márk (Pinball-Museum); Márton Kovács, Bálint György (Kommunikationsabteilung des Parlaments); Judit Villám (Bibliothek des Ungarischen Parlaments); Levente Péter (Sammlung der Kinogeschichte); Tóth János Csaba (Basilika St. Stephan); Anett Nagy (Festetics Palast / Andrássy-Universität); Géza Balázs Popovics, Bernadett Szentmiklósi (Reformierte Universität Károli Gáspár); Zsófia Kancler (Museum der angewandten Künste); Ágnes Anna Sebestyén (Museum der ungarischen Architektur); Ildikó Balogh (Bibliothek und Archiv der ELTE-Universität); János László (Studio Civertan – legifoto.com); Norbert Keserű (Stadtarchiv Budapest); Diós István (Zentrales Seminar); Attila Jeney (2 Papnövelde utca); Flóra Bartók, Emese Zsoldos, Márta Branczik, Balázs Maczó, Loránd Balla (Geschichtsmuseum Budapest / Kiscelli-Museum); Fanni Fodor (Stiftung Imre Nagy); Gábor Kampis (Stiftung Imre Makovecz); Dr. Áron Keve Kiss (Svábhegy-Observatorium); Árpád Bálint (Törley-Museum); Dr. Antal Sásdi (Krankenhaus und Gesundheitszentrum Péterfy Sándor utca); Piroska Martsa (Studio Martsa); Judit Faludy (PsyArt-Sammlung des HAS); Marianna Bátori (Klärwerk Budapest); Levente Somogyi, Péter Horváth (Budapest Scenes); Csongor Nemcsics (Denkmalhaus Antal Nemscics); Julie & Victor Forrester

BILDNACHWEIS

Alle Fotos sind vom Autor, außer:
Fortepan / Friss Ildikó: Fresken im Nationalarchiv
Fortepan / Kádas Tibor: József-Gruber-Stausee
Fortepan / Weygand Tibor: Gedenktafel am ehemaligen Wasserflugplatz
Fortepan / Somlai Tibor: Bibliothek der Technischen Universität
Mit freundlicher Genehmigung der Parlamentsbibliothek, Foto: Roberto Nencini: Parlamentsbibliothek
Mit freundlicher Genehmigung der Parlamentsbibliothek, Foto: Judit Villam: Parlamentsbibliothek
Attila Terbócs und Lo Scaligero: Beviacqua Palace
egykor.hu: Vergessene Metallkonstruktion auf dem einstigen Nationalkasino
Museum für angewandte Kunst / Muveszi Ipar, 1892: Károlyi-Csekonics-Palast
Stadtarchiv Budapest, BFL XV.16.b.221/cop11: Überreste der alten Stadtmauer, Karte
Jakab Warschag / Wikipedia Commons: Überreste der alten Stadtmauer, Karte
Fortepan / Somlai Tibor: Bibliothek des Zentralseminars
ELTE-Universtität und -Archiv, Budapest: Bibliothek der ELTE-Universität
Fortepan / BFL / Klösz György: Bibliothek der ELTE-Universität
ELTE-Universtität und -Archiv, Budapest: Bibliothek der ELTE-Universität
Fortepan / Stipkovits Fülöp: Ehemalige Seidenmanufaktur in Óbuda
Fortepan / Lőrinczi Ákos: Napraforgó utca
Makovecz Porträt: Zentrum & Archiv Makovecz
Fortepan / Nagy Józsefné dr: Svábhegy-Observatorium
Fortepan / BFL / Klösz György: Széchenyi-Gloriette
Fortepan / Gárdos György: Kirche der Kirchgemeinde Külső-Kelenföld
Mit freundlicher Genehmigung von FKF: Städtische Abfallverwertungsanlage
Wikimedia Commons: Statue des Kämpfers der Ungarischen Roten Armee
zsoltbatr: Treppenhaus des *Hotels Kozmo*
Metropolitan Ervin Szabó Bibliothek Budapest Sammlung: Reliefs der Sozialversicherungsanstalt
Fortepan / Fortepan: Garten der Komitate
Fortepan / Építésügyi Dokumentációs és Információs Központ: Garten der Komitate
Mit freundlicher Genehmigung von K&H Bank: Kundenservice-Zentrum der K&H Bank
Civertan.hu: Kläranlage von Süd-Pest

Karten: **Cyrille Suss** – Layout: **Emmanuelle Willard Toulemonde** – Übersetzung: **Claudia Riefert** – Lektorat: **Carola Köhler** – Korrektorat: **Johanna Kling** – Konzeption: **Clémence Mathé**

Juni 2024 – 1. Auflage
ISBN: 978-2-36195-731-5
Gedruckt in Bulgarien bei Dedrax